贖罪

偽りの小池都政で私が犯した過ち

音喜多 駿

GENTOSHA

まえがき

２０１８年の始まりを迎えた現在、都政は混乱の最中《さなか》にある。石原慎太郎都政以前から20年来の懸案事項である築地市場移転問題は、小池百合子知事による移転延期表明、「築地と豊洲双方の活用」案の発表という事態を経て、未だに決着が見えてこない。

市場移転の延期に伴い、築地市場跡地を活用する予定の２０２０年東京五輪用の輸送拠点（数千台規模の駐車場）や、都心を移動する際の大動脈となる環状2号線についても、その完成が危ぶまれている。

すなわち、東京五輪の成功に黄信号が灯っている状態である。

仮に今後、市場移転問題が進展したとしても、延期によって生じた莫大な費用や、あるいは失われた市場関係者・東京五輪関係者の信頼を取り戻すことは困難で、都政は今、甚大な傷を負ってしまったと言えるだろう。

どうして、こんなことになってしまったのか……。

私は舛添要一前知事の辞任後、都知事選挙の前から一貫して、小池百合子知事を支持してきた。小池知事が事実上率いた地域政党「都民ファーストの会」では、初代の都議団幹事長も務めた。

しがらみだらけの古い政治を打破し、都政を改革する。東京をこれまで以上に良くしたい。そうした強い想いでやってきたことは間違いない。

小池都政に、身を切る改革や行政情報の公開といった点で、一定の功績があるのも事実だと思う。

しかしながら、目下のところ東京都最大の課題である市場移転問題を混迷の渦に巻き込み、都政を軽視して国政にまで手を伸ばした小池知事の政治姿勢を見れば、小池都政が東京都と都民に暗い影を落としたことは明らかだ。

そして、こうした事態を招いたことには、ここまで小池知事と行動をともにしていた私自身にも大きな責任の一端がある。慚愧《ざんき》に堪えず、誠に申し訳ないと言う他ない。

本書は、そんな私自身の過ちを見つめながら、小池知事と小池都政の正体を振り返り、未来の都政に建設的な提言を示すために筆を執ったものである。

２０１６年7月の東京都知事選挙から、地域政党「都民ファーストの会」を離党する２０１７年10月まで、私は都政を担う都議会議員として、小池知事にごく近い立場で、その政治的手法を見てきた。

都民のみならず国民を熱狂させ、7割近い支持率を1年以上も保った「小池劇場」とは、何だったのか。

政治家としての小池百合子とは、一体どんな人物なのか。そして小池劇場を終焉へと向かわせたものは何で、これから都政は何をなすべきなのか。

こうしたことを私の立場から総括することが、私自身に今できる最大の「贖罪《しょくざい》」ではないかと考えている。

２０１８年3月

東京都議会議員　音喜多駿

贖罪　目次

第一章　小池知事との決別

第二章　狙われた築地市場

第三章　百条委員会に意味はあったのか

第四章 小池知事の正体

終章　贖罪

装丁　萩原弦一郎(256)
DTP　美創

第一章

小池知事との決別

小池知事「分身」との大ゲンカ

2017年10月3日、委員会を終えて自席に帰ってきた私に対して、同僚都議たちが息せき切って話しかけてきた。

「報道が出てますよ、本当ですか？」

「出ていくつもりなんですか⁉」

内心、まずいことになったなと舌打ちしたい気分だった。都議会の会期が終了する最終日の10月5日、私は上田令子《うえだれいこ》都議とともに、都民ファーストの会に離党届を提出し、正式に記者会見を行うつもりだった。

それはもちろん、間近で1年以上支え続けてきた、小池百合子知事との「決別」を意味する。

しかし離党届の提出を2日前にして、その動きを察知した一部の新聞が、早くも速報を打ったのだ。

想定外の事態に戸惑う私に同僚都議たちが詰め寄るその席は、2週間ほど前に荒木千陽《あらきちはる》・現都民ファーストの会代表と激しい口論を繰り広げた、まさに同じ場所だった。

「おかしいよ、おかしいでしょう、そんなのっ！」

私の都民ファーストの会と小池百合子知事への不信感は、頂点に達していた。都議選で圧勝を成し遂げた小池知事の都政運営はその後、急速に都民への約束とかけ離れたものになっていった。

かつての石原都政における意思決定や、あるいは自民党都連の人事を「不透明なブラックボックス」と糾弾し、「情報公開」を旗印に都民からの圧倒的な支持を集めたにもかかわらず、自らは見えないところでごく一部の側近たちと政策決定を繰り返す。

事実上、小池知事が率いていた地域政党「都民ファーストの会」における専制は、目に余るものがあった。都議選が終わってから3ヶ月と経たないうちに行われた、2度にわたる突然の代表交代。小池知事から野田数《のだかずさ》氏へ、そして野田数氏から荒木千陽都議へ。どちらも小池知事を筆頭とする、ごく少数の幹部による密室会議で決定され、しかも両者とも小池知事の元秘書だ。

すでに55名もの都議会議員を有している大組織であるにもかかわらず、民主的なプロセスはまったく取られない。さらに所属の都議会議員さえ、報道に先んじられた挙句に、メール1本で代表交代という極めて重要な人事を知らされる有様だった。

都民ファーストの会では、「決定事項以外は発信してはいけない。守らなかった場合、処分もありえる」という厳しい言論統制・情報規制があった。

それでもかまわず、荒木代表が誕生するというニュースに触れた際、私は怒りとともに「青天の霹靂《へきれき》。都民ファーストの会代表交代」というタイトルで、「現時点で、党本部から事実関係のメールが一本届いたのみで、詳しい状況はまったく把握しておりません」と書いたブログを投稿した。

その翌日、都議会議員が一堂に会する議員総会が始まる5分前、憮然《ぶぜん》と自席に座っていた私に、つかつかと歩み寄ってきた荒木代表は、怒気を含んだ口調でこう言った。

「ああいうことは、ブログに書かないで。直接私に言ってください！」

……直接私に言ってください？　代表が交代するという重大な事実が正式に知らされないのに、どうやって本人に言えと言うのだろう？

そのまま足早に総会室へと立ち去ろうとする荒木代表の背中に向けて、私は思わず「それだけなんですか……!?」と口にしてしまった。

足を止めた荒木代表に対して、私はもう止まらなかった。

「おかしいよ、おかしいでしょう、そんなのっ！　こんなやり方がありますか！　誰も知らないところで代表が決まって、それを事後に知らされて。挙句、情報発信をするなって……何が情報公開だ！　こんな……こんなやり方が許されますか！」

そういった言葉を早口でまくし立てると、小池知事の分身とも言える荒木代表も負けじと、「規約に則ったやり方でまったく問題はない」「急な話でこちらも対応に追われていただけ」「非難されるのは心外」というようなことを、矢継ぎ早に言い返してくる。

これほど感情に任せて声を上げたのは、一体何年ぶりだろうか。口論のあまりの激しさに同僚都議たちが割って入り、総会室に連れていかれた。

その後、議員総会において私はただ一人、荒木都議の代表就任に激しく異議を唱え、「都民ファーストの会総会で、異論が噴出」とテレビや新聞などで大きく報道されることになる。

ただ、異論が噴出も何も、明確にこの代表交代劇に公式の場で声を上げたのは、私だけだったのだが……。

この日、私と都民ファーストの会、ひいては小池知事との決裂は決定的なものになった。

もちろん、ここに至るまでには様々な経緯や組織の変質、何よりも小池百合子知事への深い落胆がある。

それは先の都議選大勝から急激に、しかし目に見える形で確実に進んでいった。

そして私は更迭された

2017年7月2日、都議会議員選挙で小池百合子知事を代表とする都民ファーストの会は、文字通り「圧勝」した。公認候補で落選したのは島しょ部の1名のみ、それ以外の候補はすべて当選し、推薦候補も含めて55名もの都議会議員が誕生することになった。

一方で対抗勢力の都議会自民党は改選前の57議席から23議席へと大きく議席数を減らし、都議選史上最大の敗北を喫した。

私自身も選挙区の北区では、歴代最多得票となる5万6376票を得てトップ当選、最大のライバルである都議会自民党幹事長・高木啓《けい》候補の議席を奪うという党本部から与えられた使命もクリアし、ほっと胸をなでおろしていた。

この日の未明には、小池百合子知事から祝福の電話もかかってきた。

「トップ当選、おめでとう。自民党も落としてくれて、最高の結果です。でも、あまり調子に乗らないようにね……」

親子ほども歳の離れた私と小池知事の会話は、いつもこのような具合である。人によっては「上から目線」と捉える向きもあるかもしれないが、温かみを感じさせる口調と相まって、私はむしろ信頼関係の証であろうと心地良ささえ感じていた。

しかし、このたわいのない短い会話が、小池知事と「ホットライン」で行った最後のやり取りとなる。


都議団幹事長として都議選の主役級の一人でもあった私は、翌日の朝からテレビ出演や取材に引っ張りだこだった。

ところが朝のニュース番組への生出演を終え、続いて昼のワイドショー出演へと向かう途中、信じられないニュースを目にすることになる。

「小池百合子知事、都民ファーストの会代表を辞任」

寝耳に水とは、まさにこのことを言うのだろう。6月1日に都民ファーストの会の代表につき、ポスターや政策パンフレットでも「選挙の顔」として活動してきた小池知事は都知事に専念し、前代表だった特別秘書の野田数氏が再び党代表に返り咲くという。

さらにその人事は、小池代表と野田氏（当時は党幹事長）の2名だけの「密室会議」によって決められていた。

どう考えても悪手だと、私は頭を抱えたい気分になった。これでは選挙目当てに代表に就任していたと思われても仕方ないし、何より人事の決め方が悪い。たった二人の密室会議で代表を決めていたら、これまで批判してきた自民党都連の「ブラックボックス」とまったく一緒ではないか……。

もちろん都議団幹事長である私にすら事前の説明は一切なかったし、どのようにメディアや有権者に対して説明するか、認識を共有する時間もなかった。

そのため、昼からのワイドショーへの生出演では、共演した東国原《ひがしこくばる》英夫氏（前宮崎県知事）からの「公党の代表は選挙で決めるべきだ」という意見に対して、「そのように意見し、今後は善処する」と答えるのが精一杯だったし、夕方からの討論番組では、橋下徹氏（前大阪市長）に不透明な人事・意思決定を厳しく責め立てられ、「ベストな方法ではないが、選挙直後でまだ未熟な組織なので致し方ない」と苦しい弁明に追われることになる。

内心には忸怩《じくじ》たる想いを抱えながら、それでもまだ「ここからだ。ここから古い自民党とはまったく違う、新しい政党を育てていくのだ。そのポテンシャルはある！」と私は信じていた。どれだけ小池百合子知事や野田数代表が組織を締め付けようとしても、彼らは都議会議員ではない。いわゆる「バッジ組」と呼ばれる議員たちの発言力が徐々に強くなっていくはずであり、55名もの都議たちを非民主的なプロセスで締め付けていくとは思えない……。

しかし、この見通しが甘かったことを私は早晩思い知ることになる。

その翌週、選挙後に初めて行われた都民ファーストの会東京都議団の会合にて、野田数代表から三役（幹事長・政調会長・総務会長）の人事が発表された。

その中に、私の名はなかった。

「選挙の顔」の一人として候補者の中で随一のメディア露出を担い、トップ当選・都議会自民党幹事長の打倒を果たしながらも、重役から外された。事実上の「更迭《こうてつ》」であった。

突然のテレビ出演NG

とはいえ、この幹事長更迭はある意味で「想定内」ではあった。都議会の「幹事長」職は、基本的には3期以上の当選を重ねている中堅以上の議員が就任する。

新たに都議会議員となったメンバーを見れば、私よりも年齢もキャリアも上の議員が多数当選しており、政界の「慣習」からすれば、幹事長にふさわしい経歴を持っている方が散見されたからだ。新たに発表された党三役には元民進党・元自民党・小池氏側近の生え抜きがバランス良く配置されており、それなりに妥当な人選でもあった。

ただ私が幹事長職から外されたのは、都議選前から野田数氏や都民ファーストの会幹部、何より小池百合子氏自身と、市場移転を始めとする政策や選挙対策に関して考え方に隔たりがあり、しかも忌憚《きたん》なく自分の意見を進言し続けてきたことの方が大きいと思っているのだが……。

しかし、「想定外」のことは、すぐに起こった。

新しい三役が発表されたその日の夕方、新幹事長から私のもとに電話が入った。用件は

「明日以降のメディア出演はすべて断るように」とのことだった。

私は我が耳を疑った。政党に所属しているとはいえ、議員はいち会社員ではない。政党から給料をもらっているわけでもなければ、雇用契約があるわけでもない。当然に議員一人ひとりの言論活動は自由であって、党があからさまにメディア対応を禁じるなどということは、それこそ「ブラックボックス」と言われ続けてきた自民党ですら行っていないだろう。

しかも、私がこれまでのメディア出演によって問題発言などを行い、党派や小池知事の名誉を傷つけたということも一切ない。むしろ都議選までの積極的な露出によって、今回の都議選にポジティブな影響を多く残したことを否定する人はいないはずだ。

確かに都議選以前も取材対応やメディア出演に対しては「党本部に相談するように」との指示は出ていたが、それは当然これから政治家を目指す新人に対するガイドラインであって、現職議員であり広報対応が責務でもある幹事長に適用されるとも思えなかった。

何より、党本部にいちいち出演許可や対応の可否を仰いでいたら、リアルタイムなメディア対応など不可能である。にもかかわらず新幹事長は、

「これまでのメディア出演も実際はNGだった。今後は許可なしには一切認められない」

「今来ているオファーは、すべて断るように」

の一点ばりだった。すでに時刻は18時を回っており、翌日に収録予定の討論番組もある。さすがに今日の明日で断るわけにもいかず、せめてそこだけは対応させてもらえないか？と聞いたものの、答えはノーだった。例外は認めない、出演するなら処分もありうると断言された。この言い方には、穏便に対応しようとしていた私もさすがにカチンときた。

「ならば、もう処分で結構です！　今後はきちんと党本部に許可を取りますが、ご迷惑をかけるわけにはいかないので、明日の収録には参加します」

そう言い切ると、対応に困った新幹事長は言葉を濁すようにして電話を切った。

その翌日、新幹事長が都議会議事堂にいた私のもとを訪れ、これから役員会が開かれ、処分が決定される旨を説明した。

始末書を書いてもらうことになるだろうと言う新幹事長に対して、私は強く反発した。

「政党であれどんな組織であれ、処分が確定する前に異議申し立てをする機会があるはずです。処分したいと言うならそれでかまいませんが、私の異議を聞く場を設けるか、書面で異議申し立てを提出させてください」

持ち帰って検討すると言って帰られた新幹事長だったが、結局、この処分自体が行われることはなかった。異議申し立てを受けるのも面倒だし、書面などが残った場合、どこかに公開されても厄介だと考えたのだろう。

しかしながら以後、組織によるメディア出演制限・言論統制は続き、その週末に予定されていたネットTVへの生出演はキャンセルすることになった。この際も「私が出演できないのは仕方ないとしても、都民ファーストの会として誰か代役を立てて欲しい」と再三のお願いをした。にもかかわらず、結局都民ファーストの会の都議は誰一人として出演することはなく、この事態は「音喜多都議の出演キャンセルに困惑」という見出しで、ネットニュースとして大きく報じられた。

なおこのとき、当該番組の出演者の一人である吉木《よしき》誉絵《のりえ》氏は「情報開示が東京大改革の要だとおっしゃってきたのに、自ら制限をかけていては都民ファースト自体がブラックボックス化しているとの批判は免れないのではないか」と指摘している。まったくもって、返す言葉がない。

だがこうした世間からのまっとうな指摘など意に介さず、都民ファーストの会は言論統制を強め、ブラックボックス化の道をひた走っていくことになる。

新人との飲み会も一切禁止

「想定外」の異常はメディア出演制限・言論統制だけにとどまらなかった。新たに選出された役員たちによって構成された新執行部は、矢継ぎ早にあらゆる規制を強めていく。

その中の1つがいわゆる「飲み会禁止令」だ。

ことの発端は、新たに当選した新人都議とのやり取りだ。都議選までの間、選挙が初挑戦となり右も左もわからない新人候補たちに、私は様々なアドバイスや、時に応援演説に駆けつけるなどの支援を行っていた。そうして当選した新人都議の一人（A都議とする）と、選挙後に食事に行く約束をしていた。

A都議は都知事選のときから小池知事を果敢に応援していた「ファーストペンギン」と呼ばれる3名（上田令子、両角穣《もろずみみのる》、私）の都議に憧れていたということから、上田令子・両角穣の両都議にも声をかけ、その3名の集まりにA都議とその友人である新人都議も参加することになった。

5名程度の小規模な、どこにでもあるありふれた食事会である。新人都議たちとは「ファーストペンギンの会にご招待しますよー」などというカジュアルなやり取りを行っていた。

ところが、これを聞きつけた執行部はなんと、この食事会を開催しないように通達を出してきた。しかも参加する都議だけではなく、わざわざほぼすべての新人都議に執行部が電話をかけて、「音喜多都議から何か誘われてないか？　誘いがあっても勝手に参加しないように」と連絡を回すという徹底ぶりである。

いつのまにか役員たちの中では「音喜多が『ファーストペンギンの会』なるグループを作って、新人都議たちを取り込もうとしている」ということになっていた。

彼らの理屈はこうだ。勝手に議員同士が食事会などに出かけることは、派閥作りである「分派活動」につながる。組織を一枚岩にまとめるために、許可なく所属議員同士で食事などに行ってはいけない……。

恐ろしいほどに、所属議員を信用していないロジックである。確かに政党などの組織にとって、一部の人間たちのみが懇意になる「派閥」は望ましいものではないし、将来的に組織にヒビが入る原因となる可能性もある。

だからといって、所属する議員同士がプライベートで飲みにすら行けないというのは、明らかに縛りすぎだ。そのような縛り付けを行ったところで反発を招くだけで、組織運営としては稚拙としか言いようがない。

さらに驚くべきことに、私は党幹部である役員から本件で呼び出しを受けて、「分派活動を行っているという疑惑について、役員会で釈明せよ」との指令が下された。

都政の課題が山積する中、都議会議員たちが大勢参加する会議で「勝手に新人都議と飲みに行こうとしたこと」が議題とされるとは、都民からすれば、にわかには信じられない事態だろう。

とはいえ組織人として呼ばれた以上は拒否もできず、私はエビデンスを残すために書面を作成し、持参した。

都民ファーストの会役員たちに実際に提出した、その釈明文の一部は次の通りである。

●新人都議（A都議等）との会合について

7月15日（金）の夜に、A、B両新人都議と、両角・上田・音喜多3名の都議での会合が予定されていたことは事実です。これは以前にA都議から「ファーストペンギンの3人に憧れて希望の塾に入った。機会があれば、じっくりお話を聞いてみたい」と言われたことを受けて、都議選後まもなくセッティングしたものです。(中略)

他の新人都議には、少なくとも私からは声がけをしておりません。「ファーストペンギンの会」なる言葉が独り歩きしているようですが、そのような組織やグループが存在するわけではなく、かねてから同じ会派で長く活動をしていた3人の都議が食事をする機会に、希望があった少数(2名)の新人都議を招いた程度のものであり、当然のことながら、分派活動等の意図があって開催が予定されていたものではありません。(中略)

役員会という場でこのような説明が私に求められること自体、率直に申し上げて極めて遺憾です。急激に大きくなった組織において、会派運営に様々な困難があることは承知しています。その上で、このような疑念を生まない信頼関係を構築するためにも、早期に議員全員で、党運営や党内コミュニケーションについて話し合う機会が与えられることを強く望むものです。

以上

指定された場所に赴くと、三役を始めとして当時の代表によって選ばれた役員たちがずらりと顔を揃えていた。まさに「吊るし上げ」というのにふさわしい雰囲気だろう。言葉こそ穏やかであるものの、私はこの場で分派活動疑惑を招いた点について叱責され、許可なくこうした行動を取らないように厳しく言い渡された。

さらに驚くべきことに（驚いてばかりだ）、新人都議と飲みに行くことのみならず、前期の都議会で「かがやけＴｏｋｙｏ」として会派を組んでいた3名の都議（ファーストペンギン）で会食等を行うのも禁止とのことだった。

「例えばここにいる我々も旧民主党議員だ、旧自民党議員だということのグループだけで食事などに行ったら誤解を招くだろう。だから我々はやらない。それと同じだ」

「今後は部会を作り、会合や視察はその単位で行ってもらう」

組織が許可する以外のグループでの活動は、事実上すべて禁止するというわけだ。

私はこれを聞いたとき、江戸時代の「五人組」の制度を真っ先に思い浮かべた。グループ内で相互に監視させ、連帯責任を負わせて違反者を厳しく処罰していく……。こんな前時代的なことを近代政党が真面目に行おうとしていることに、私は呆れ返る他はなかった。

現職都議を自殺に追い込んだ「いじめ」事件

ここで少し、都議会で実際に起こった凄惨《せいさん》な事件について触れておきたい。

2011年、当時現職の都議会議員であった樺山卓司《かばやまたかし》氏が自ら命を絶った。自民党のベテラン議員であった樺山氏は、後に「都議会のドン」とまで呼ばれた大物都議と対立関係にあり、都議会自民党の中で様々な圧力に晒《さら》されていたと言われている。

実際、樺山氏の遺書には、

「A（実際は実名が記載）、許さない!!」

「人間性のかけらもないA。来世では必ず報復します！」

など、対立関係にあった大物都議の名前が、怨嗟《えんさ》の言葉とともに遺されていた。

この事件について、樺山氏の遺書を公開して告発した猪瀬直樹元知事は、樺山氏が都議たちの集まりで罵倒されたり、反対意見を述べれば粛清される現実が都議会にあったことを証言。また樺山氏の妻も夕刊紙のインタビューに対して、「なりふり構わず締め付けて、思う通りに支配しようとする」と古い自民党の体質を批判している。

樺山氏は都議を5期も務めていたにもかかわらず、それにふさわしい地位は与えられず、発言や議会活動もかなり制限されていたようだ。

そして実は都民ファーストの会には、前代表の野田数氏を始めとして、この樺山氏に縁のある人物が多い。特に元自民党の都議である野田数氏は樺山氏の直弟子であり、樺山氏が自ら命を絶つ前日に食事をともにしていたメンバーの一人でもあると聞く。

真相は闇の中であるが、「都議会のドン」の圧力によって死の淵に追いやられたかもしれない樺山氏の遺志を継ぎ、粛清や締め付けがある「古い議会」を新しくするために立ち上がったのが、都民ファーストの会であったとも言えるわけだ。

実際に野田数氏は、私と初対面のときからこの樺山氏の事件や無念について語り、なぜ小池百合子氏が自民党都連から飛び出したのか、どうして都議会自民党を倒して都政を変えたいのかを熱く語った。

そして都知事選挙においては、樺山氏の妻が小池百合子候補（当時）と横並びで街頭演説に立って、古い自民党の体質と樺山氏の無念を語り、都議選では都民ファーストの会が葛飾区で樺山氏の元秘書を擁立している。まさに先の都知事選・都議選は、樺山氏の「弔《とむら》い合戦」だったのだ。

この「弔い合戦」の効果もあり、都議選ではついに都民ファーストの会が圧勝。都議会自民党は惨敗し、樺山氏を自殺に追い込んだとされる自民党大物都議は落選した。

その結果をもって7月13日、都民ファーストの会の役員たちは樺山氏の墓参りを行い、その写真をTwitterに掲載している。古い議会を作ってきた政敵を葬った。これからは、樺山氏の無念を晴らした自分たちが、都民の信託を受けて新しい議会を作っていくのだ……そのような宣言にも見て取れる内容だった。表面だけを見れば、非常に「よくできたストーリー」だろう。

しかし、都議選の直後から先に述べた幹事長更迭・言論統制・飲み会禁止というあからさまな「締め付け」の渦中にあった私にとって、このTwitterの内容には違和感しか覚えなかった。

私は思わず反射的に、樺山氏の墓参りを報告する内容を引用リツイートしながら、次のように書き込んだ。

「地位を奪い、仲間を奪い、言論を奪う。すると人は孤立し、最悪の場合は死を選択する。このような悲劇が議会内でもあらゆる組織でも、2度と起きないことを祈るばかりです」

何も知らない人から見れば一般論だが、見る人が見れば言いたいことがわかる内容であろう。もちろん私は自ら命を絶つようなことはないが、今の状況は明らかに過剰な「締め付け」であり、受け取り方によってはいじめに近いものだと感じていた。

やっている側の本人たちにも自覚はあったのだろう。この私の書き込みには神経を尖らせていたようで、「分派活動」の釈明をさせられた役員会において、一人の役員から「あいう余計なことは書かないように」と強く釘をさされた。

「一般論を書いただけじゃないですか、何か気になることでもあるんですか？」

ととぼけながら反論すると、その役員は目を吊り上げていたことからも、彼らに思うところがあったのは明らかだ。

かつての樺山氏の無念を知りながら、その加害者と同じことをしている自分たちを省みることはしない。指摘にも耳を貸さないどころか、締め付けを強めてくる。この対応に私は深く落胆するとともに、先行きに対する不安と懸念をますます強めた。

そして案の定、都民ファーストの会の独善的な運営と、理不尽な締め付けは日を追うごとに強まっていった。こうした状況を見れば、小池知事や都民ファーストの会の一部の人間にとって、一人の政治家の「死」すら、自分たちを正当化するための道具に過ぎなかったのだろう。今となっては、そんな風に思わざるをえない。

「天日干し」にされるファーストペンギン

新しい三役が発表されてからしばらくして、当選した都議たち55名が一堂に会する「議員総会」がようやく週に1度ほどのペースで開かれるようになった。

しかし、そこは議員たちが「議論」をする場ではなく、一方的に役員たちから決定事項が通達される場に過ぎなかった。その最たるものは、役員人事である。

幹事長・政調会長・総務会長の三役については、発表前にその就任理由とともに代表から直接の説明があったものの、その後に次々と発表された都議団長、政調会長代理、幹事長代理などの役員については、いつのまにか人事が決定され、事後報告として通達されるのみだった。

彼らが党や都議団の意思決定を行うらしいが、いくらなんでも不透明すぎるプロセスであり、小池知事や野田代表の「お友達人事」だと批判されても仕方ない。

せめて役員の選定理由だけでも聞かせてくれないか？ と議員総会で挙手をして求めたが、幹事長から「役員会でこのように決めた。特に理由を明かす必要はない」という返事がきただけ。これでは所属議員たちのコンセンサスを経ず、役員たちが自己増殖し、党運営を牛耳ることができてしまう。


そして人事において何より私にとって衝撃だったのは、小池知事を都知事選の前から支持してきた、私と両角・上田の「ファーストペンギン」たち3名の都議に対して、一切の党内役職・議会役職が与えられなかったことだ。

前述の通り議会慣習から考えれば、年齢もキャリアも充分ではない私が幹事長を継続できないことはわかっていた。しかしながら同時に、さすがになんらかの役職は回ってくるだろうとも考えていた。

特に両角・上田両都議は市議・区議からの叩き上げであり、年齢・キャリアともに充分なものを持っている。「○○代理」「副○○」など、政治の世界では役職は複数あり、キャリアに見合った処遇をすることは難しくない。

実際、55名を擁する都民ファーストの会では、概ねその3分の1が何らかの役職を持っていた。党内役職だけでなく、委員長や副委員長などの議会役職を加えれば、その数はもっと増える。にもかかわらず、3名揃っての「無役」だった。


すると、どんなことが起こるか。まずは議場の座席に残酷なほど状況が反映された。

都議会本会議が行われる議場の座席は期数・年齢・役職を勘案して決められる。基本的には1期生は前の方、同期の場合は年齢が若い方が前に行く。1期生・2期生……などと前の方から並べていき、役職者たちは後方に陣取る。1期生や2期生でも役職者になれば、期数を飛び越えて後方の座席に座ることになる。

新人が中心となる都民ファーストの会では、2期生以上の現職・元職議員たちは「ファーストペンギン」3名を除き、全員がなんらかの役職についていた。

これに加えて、1期生の中にも役職者がいる。すると、無役の1期生たちがずらっと並んだ後、2期生である「ファーストペンギン」たち3名が間に挟まって、その後に役職者の1期生たちが並んでいく。不自然な形で新人都議たちにサンドイッチされた3名の都議たちは、組織の中で「干された」ことが誰の目にも明らかだった。

これは当然、小池知事や野田代表が意図的に行ったことなのだろう。以前に討論番組でご一緒した元自民党の大物代議士が、「小池百合子は、人を利用するだけ利用して恩を返さない。まったく非情な人物だ」と評していたが、私はその人物評を信じたくなかった。組織を離れた人間を罵《ののし》っているだけだと思いたかった。

しかしながら、都知事選の前、小池ブームが巻き起こる前から手弁当で支援に駆けつけ、他の都議たちが当時、鳥越俊太郎候補や増田寛也候補を応援する中、誰よりも熱心に小池知事を支えてきた3名に対するこの仕打ちが、小池知事の人間性を何よりも証明することになってしまった。

「イエスマン」しか欲しくない小池知事

なぜここまで、最古参であった我々3名の都議が「干された」のか。多くの人に理由を問われるし、理由は多岐にわたるだろうが、その最たるものは、小池知事が「結局のところ、イエスマンしか欲しくなかったから」であろう。

3名の都議を除けば、都民ファーストの会で当選した都議は選挙基盤のない新人か、他党から選挙前に移ってきた元職・現職の人間ばかり。新人都議は文字通り、小池知事の看板と風で受かった「小池チルドレン」だから、小池知事に対して頭が上がるはずもない。一方の移籍組も、「小池知事に救われた」と公言する議員が多数いるように、小池知事との主従関係は明らかだ。

そうした中で唯一、我々3名だけが小池知事と「貸し借りなし」の関係だった。「選挙の恩は選挙で返す」などと政界ではよく言われるが、都知事選挙で小池知事を応援していた我々は、形式的には都議選でその恩を「返してもらった」に過ぎないわけだから、過剰な恩を感じる必要はなかった。

1期4年の間にしっかりと築いてきた地盤があり、小池知事の風だけで当選したわけではないという自負もある。だからこそ小池知事や都民ファーストの会が間違った道に行きそうなときには強く異論を唱えるし、忌憚のない行動ができるわけである。

これを逆の立場から見れば、自分たちの意のままにならない存在は目障りでしかたなかったのであろう。

とはいえ、しっかりとした伝統的な組織ほど、むしろそうした「尖った」人材も包容し、多様性を確保することで長続きしているとも言える。組織内で議論が活発になることは良いことだし、傍から見ても「ああ、あの組織は多様性と自浄作用があるのだな」とポジティブに評価されることの方が多いはずだ。

自民党の例でいえば、小泉進次郎氏が時折、政府や党主流派の意見に公然と反旗を翻すことで、逆に国民からの信託を盤石としている側面がある。

こうした人材は主流派として取り立てないまでも、何らかの要職で処遇しておくというのが、組織マネジメントの定石だ。イエスマンしかいない組織などありえないし、あるとすれば独裁国家そのものであろう。

しかし、小池知事と都民ファーストの会は、その包容力を持ち合わせていなかったようだ。彼らのとった選択は、徹底的に異分子を「排除」することだった。

もちろん、排除された側のモチベーションやロイヤリティ（忠誠心）は著しく毀損《きそん》される。独裁国家のような運営が長続きするはずもなく、こうした組織運営は早晩に行き詰まることになる。

陣中見舞いを返金され、領収書を返送する私

こうした小池知事と都民ファーストの会役員による徹底的な「冷遇」に対して、疑問を抱いていた新人都議は少なくなかっただろう。

右も左もわからない中で選挙を闘ってきた新人都議たちにとって、新たに選出された役員たちは「見知らぬ人」でしかなかったし、彼らにとって都民ファーストの会の先輩都議といえば、報道などでもよく見かける生え抜きの3名だったはずだ。

さらに私は都議選まで幹事長として、戦況が厳しい選挙区には応援に入るなどの活動も積極的に行っていたので、個人的につながりが深い新人都議たちも多かった。

そんな背景もあり、充分な説明もなく前幹事長らが一切の役職につかない様子を見て、「こんな人事おかしいですよ」「決め方が不透明ですよね」と心配して声をかけてくれる人

もいた。

私は曖昧《あいまい》な表情でうなずくしかなかったが、声をかけてくれることが嬉しくもあった。

しかし、組織の締め付けは日を追うごとに厳しくなっていった。先の「飲み会禁止令」に続き、党が公式に作った「部会」という単位以外で、視察や調査に行くことも禁じられる通達がなされた。

「部会」とは、都議会に存在する総務委員会、厚生委員会、経済・港湾委員会などの委員会に対応して設置されたグループで、それぞれの委員会に配属された6名前後の議員で構成される。部会長にはそれぞれ役員、もしくは準役員（意思決定権は持たないが、総会前の役員会に参加できる権限を持つ）がついており、もちろんここでも「ファーストペンギン」の3都議は部会長・部副会長などの役職は充てられていない。

部会単位での行動が強いられる理由は「まずは部会で懇親を深めてもらう」「部会で行動した方が合理的で政策論議が深まる」などと説明されたが、飲み会同様「派閥作り」を警戒した過度な縛り付けであることは明らかだ。

選挙前から「当選したら、色々な福祉施設に視察に行きましょうね！」などと新人議員たちと約束していたことも、ことごとく実現不可能になった。

さらには、私のことを個別に「狙い撃ち」するかのような締め付けも続いた。都議選までの間、私は複数の新人都議の応援に駆けつけたが、その際には「陣中見舞い」を持参していた。いわゆる個人献金として現金を持参するもので、公職選挙法上も認められている寄付行為だ。

先輩議員や役職者が資金や選挙基盤が脆弱な新人などの応援に行く場合、こうした心遣いをすることは政界の慣習として一般的に行われている。

ところが選挙後まもなく、役員からこの「陣中見舞い」を私に返金するように指示が出た。明確な理由すら示されないまま、お金のやり取りは不健全だから返却しろという。

こちらも一部の役員たちが、私の「派閥作り」「新人都議の囲い込み」という一方的な疑念に駆られて行った暴挙だった。

選挙後に、結果として当選したからといって個人献金を返金することほど、無礼で非常識な行為もないだろう。「あなたのおかげで当選したわけではない」「あなたに借りは作りたくない」という明確な意思表示なわけで、落選者がやるならまだしも、当選した人間が返金するなど、文字通り前代未聞の行いだ。

当然、新人たちはその非礼をわかっていたはずだが、役員たちの執拗な指示によって、多くの新人たちが申し訳なさそうに返金しにきた。新人都議たちに恨みは一切ないが、もらった領収書を返送する作業をみじめな想いで行ったことを、私は一生忘れることはないだろう。


さらに、ある日の議員総会では突然、「メディア出演をした場合に、出演料をもらうことは一切禁止」という通達がなされた。

一般的に政治家は、映像インタビューなどの取材については無償だが、テレビやラジオでスタジオ出演をした場合は、足代程度の出演料が出る場合がある。

取材であれば新人都議や役員たちが受けることもあるが、この時点でテレビやラジオなどの出演経験や頻繁な出演依頼があったのは、事実上私だけだった。

先の陣中見舞い返金に続き、どう見てもこれは私個人に対する狙い撃ちだ。出演料といっても微々たるものだし、それで生活しているわけでもないから、特段に困るということはない。役員たちも、反乱の資金源を断つとか、そこまで大それたことを考えていたわけではないだろう。

しかし、「音喜多が締め付けをくらっている」という、この上なく明確なメッセージを組織内で発することには、それなりの意味はあった。

「音喜多都議は、何か悪いことをしたのではないか」

「彼とは親しくしない方がいい」

党内にはやがて、そんな雰囲気が漂い始めた。もちろん、以前と変わらず接しようとしてくれた新人都議も大勢いたが、慰めるような気の遣われ方に、申し訳なく情けない気持ちになるばかりだった。

こうして私は、明らかに組織の中で「腫れ物」として扱われるようになったのである。

ありえないほどの「言論封殺」

都民ファーストの会は、所属議員たちに言論統制を強いていたのか？　よく聞かれる問いであるが、答えはイエスだ。

少なくとも、私が党を離れる段階までは明確な統制があったことは間違いなく、今でも一定の制限はあるのだろうと思っている。

言論統制には、メディア露出への規制と、ブログやSNS等による議員自らの発信内容への規制の2種類がある。

前述のように都議選後、私には厳しいメディア露出制限が課され、メディアからの出演や取材依頼が来た場合は、本部による許可が必要となった。

しかしながら許可制とは名ばかりで、その実態は完全な封殺だった。

都議選後、私には優に二桁を超える出演・取材依頼が舞い込み、本部に出演可否の伺いを立てたが、ことごとく却下された。

間に入っている良識的な役員が色々な配慮をしてくださり、ラジオ出演が1回だけ例外的に許可されたこともあったが、都議選後の約4ヶ月間で許可が下りたのは、その1回だけである。

さらに党本部は私個人に来た出演オファーに対して、他の議員(役員)の出演を打診して差し替えようとしていたことも、番組側からの情報提供によって明らかになっている。

党という組織に対してなされた出演オファーであれば、誰を選んで出すのも自由であるが、あくまで私に来た出演オファーに対して見えないところで差し替えようとし、番組側に断られると、私に対しては「企画自体がなくなり、音喜多都議の出演は見送られたそうです」などと報告してきたのだから、開いた口が塞がらない。

「党内は自由闊達」という模範回答を徹底する矛盾

こうしたメディア対応への制限は私のみならず、所属議員すべてに対して行われていた。取材への対応は許可制となっており、許可がないメディア対応は許されない。

とはいえ議員をやっていれば、あらゆる場で記者から取材を受けてコメントを求められることになる。そうした場でも「許可がないから答えられない」などと生真面目に対応する新人都議の姿は繰り返し報道され、多くの記者たちから不満の声も耳にした。

さらに取材許可を本部に求めてもなかなか下りず、また下りたとしても党本部で職員の同席のもとにインタビューを行うなど、都議選前からかなり神経質な対応をとっていたが、選挙後にその締め付けはますます加速していくことになる。

例えば、新聞社などから所属議員全員に対して「アンケート」が届くことがあるが、これについては党本部が「模範回答」を用意し、それをそのまま書くように指示がなされたこともある。

ところが、この「横並び回答」に違和感をもった新聞社が、「都民ファースト都議、理由も同じ　50人無回答『自由な発言　許されぬ雰囲気』」なる記事で大々的に言論統制についての疑惑を報じると、今度は党本部からの指示は「指示内容を参考に、自分の言葉で回答するように」というものに変わった。

問題の本質がどこにあるのかまったくわかっていない、場当たり的な対応である。

書面での対応だけでなく、当然のことながら言論統制は対面取材やTVインタビューなどにも及んだ。都議選後はじめてとなる都議会本会議の日、いわゆる「初登庁」の日の直前には、わざわざ「想定問答集」が作成されて所属議員に配付された。

言論統制批判に神経を尖らせていた党本部は、想定問答集の中で言論統制や取材制限について問われた場合の対応について、「党内は自由闊達《かったつ》に議論ができる雰囲気がある」なる模範回答を示していた。とんだブラックジョークとしか言いようがない。

この想定問答集について説明をした役員の一人は「あくまでこれはアドバイス」などと

言っていたが、それを額面通りに受け取った議員はいないだろう。書面にまでして配付された内容は、明らかに党から所属議員への「命令」「言論封殺」だった。

また党は言論統制を行っているというイメージを打ち消すために、何人かの新人都議を選抜してレクチャーし、取材を受けさせていたようだが、こうした「仕込み」に敏感な記者たちの目をあざむけるはずもない。

不自然な回答はさらなる疑惑を呼び、今度はこの「想定問答集」が存在したこと自体が報じられるなど、都民ファーストの会の言論統制に対する都民の疑惑はますます深いものになっていった。

そして勿論《もちろん》、インターネットのSNSを通じての情報発信にも規制がかけられた。こちらについても「党内で決まっていないことは外部に発信しない」「他党についての意見は発信しない」などのガイドラインが書面で配付され、「党に不利益を与えた場合、処分もありえる」旨が明記されていた。

「ブロガー議員」として私が得意としていた、独自の視点から生の声をいち早く届ける情報発信は禁止され、党内で決まったことを粛々と跡追いで伝える「大本営発表」に成り下がらざるをえなくなった。

こうした一連の言論統制について、当時の党代表や役員は「取材の窓口や対応を一本化するのは、民間企業並みの対応であって当然のこと」と強弁し、記者会見などで見解を問われた小池知事も「充分な対応が行われている」旨の認識を示していたが、果たしてそうだろうか。

当然のことながら、「公器」とも言われる政党は民間企業ではない。所属議員は会社から給料をもらう会社員ではなく、一人ひとりが各選挙区の有権者から信託を受けた政治家である。

所属政党があるとはいえ、個人の考えを有権者たちに披瀝《ひれき》することは必要不可欠であり、むしろ義務であるとも言える。

決まったことに従うのは組織・組織人として重要なことであるが、政策や党運営について一切の意見を外部に表明できないのは、誰がどう見ても行きすぎた規制だろう。

この規制が発表されてほどなく、組織力に定評のある伝統的な政党の都議と話したのだが、その議員すら「我々の政党でも、そんな言論統制を敷いて、しかも書面にして配るなんて聞いたことがない。だって我々は、民意によって選ばれた議員じゃないか」とまっとうなことを指摘していた。穴があったら入りたい気分になったことは言うまでもなく、懇意にしている記者たちからの取材を断る度に、憂鬱な気分になる日々は続いていった。

心が病み、漫画喫茶に入り浸る

この時期の私の精神状態は文字通り最悪で、政治家になってから最低のところまで落ち込んでいた。地元を回っていれば、「どうして幹事長辞めちゃったの?」「報道でこんなことが出ているけど、小池さんも都民ファーストの会も何を考えているの?」などと聞かれるが、答えられることは何もない。

登庁して議員団の控室に行けば、新人都議たちからは「腫れ物」扱いをされて所在ない。さらには都知事選のときは小池知事以外の候補を応援し、都議選前に小池知事のもとへ駆け込んできた議員たちが役員になり、上座に座って我が物顔で締め付けを強めてくる。

そして得意の情報発信に努めようにも、メディア対応は一切禁じられ、「言論統制」によってブログやSNSに書けることも大本営発表以外にはなくなっていた。この時期にはさんざん「ブログや情報発信の内容がつまらなくなった」との批判をいただいたが、そうした意見をもらう度に強いストレスを感じていた。

勿論、自身の待遇に不平不満はあったとしても、政策実現に向かって都政が動いているのであれば大きな問題はない。政治家の存在意義は公約の達成なのだから、それに向かって動く充実感があれば、自分のことなど二の次にすることができる。

しかしながら、都民にお約束をした一丁目一番地である「情報公開」「民主的な意思決定」がこれほどたやすく踏みにじられ、一部の幹部たちと小池知事に公党が私物化されているような現状は、とうてい看過することはできず、市場移転問題や議会改革などの目玉とされる課題も前進しているとは言い難い状況が続いていた。

これが都知事選の前からリスクを取って、小池知事を支援してきた結果なのか？　自分はなんのために小池知事や東京大改革を支持してきたのか？　いや、自分の政治家としての存在意義は一体なんなのか？

自問自答すればするほど、失望は増して気持ちが沈むばかりだった。

やがて私は家を出ると、どうしても都庁に足が向かず、かといって地元を回る気にもなれず、図書館や漫画喫茶で過ごす時間が増えた。まるで不登校児のようで、このときの私は確実に「病んで」いたのだろう。

議員としてふさわしくない行動であることはわかっている。しかし、身体が動かなかった。どうにかこの状況を打破せねばと思えど、明快な打開策が見当たらない。

もちろん総会では、誰一人として異論を挟まない中で積極的に発言し、役員たちにも改善を何度も訴えかけているが、言論統制により「外圧」が期待できない状況では、大きく事態が好転する兆しは見いだせなかった。

小池知事に直接、電話なりで訴える方法を考えなくもなかったが、直接の連絡は表向きは禁じられていたことと、何より自分自身のプライドが邪魔をした面も正直あった。

とはいえ、この時点で小池知事に直接コンタクトを取っても、恐らく劇的な状況改善は望めなかっただろう。

都民のために働かなければという気持ちばかりが募る中、状況はさらに悪化の一途を辿っていく。

政務活動費15万円、議員報酬6万円の「召し上げ」

都民ファーストの会の党運営で「ブラックボックス」だったのは、人事などの意思決定だけではなかった。もっとも重要な「お金」についても、極めて不透明な状態が作り出されていた。

所属議員たちは都議選後、政務活動費から15万円、議員報酬から6万円をそれぞれ党に納めることが決定された。

政務活動費とは、地方議会の議員が行う調査研究その他の活動に充てるために支給されるもので、都議会の場合は一人あたり月々50万円となっている（定額は月60万円だが、平成29年4月からスタートした議会改革により10万円カットされている）。この中から15万円、およそ3割を党に（政務活動費は都議会議員としての活動にしか使えないので、正確には都議会の会派に対して）納めるのだから、これは大変な金額であると言える。

とはいえ誤解のないように言えば、これはどの会派でも金額の多寡に違いはあれやっていることだ。

会派には控室（執務室）そのものや机・ＰＣなどの最低限の備品は議会局から割り当て

られるが、そこで雇う政策スタッフの人件費、インターネット回線やコピー機を設置・運用するための経費、あるいは独自に調査研究するための費用などは、会派がそれぞれ負担することになっており、都議たちから徴収する政務活動費でそうした支払いを賄うことは一般的に行われている。

だが所属都議が55名になった最大会派・都民ファーストの会の場合、月々に都議たちから集められる政務活動費は6000万円以上にものぼる。当時はまだ政策スタッフも雇用されておらず、コピー機などの費用でそれだけの金額が使われることも考えづらい。ストックをしておいて大規模な政策調査に使用するのかもしれないが、それならそれでおおまかな見通しや計画があるはずだ。

しかしながら、私を含めて複数の都議が政務活動費の用途の公開（少なくとも、所属都議に対する内々での公開）を求めたが、「公明正大な使用に努める」との回答があるだけで、具体的な対応が行われることはなかった。月6万円の党費についても同様である。

支出内容が明確にならない中、秋口には政治資金パーティーの開催も上意下達《じょういかたつ》で決定された。パーティー券は1枚2万円で、所属都議には30万～50万円程度のノルマが課されるという。

この世界にいれば政党活動にお金が必要なことはわかっているが、それにしても何に使っているかさっぱり見えてこない。通常、こうした党費は選挙のときに「公認料」などの形で所属議員や候補者に還元されるのが一般的だが、都民ファーストの会は都議選においても金銭的な支援は一切なかった。

こうした状態で月々の党費に加えて、パーティー券のノルマまで課されることには、にわかに納得することはできなかった。

そもそも都民ファーストの会は、4000人以上の塾生を集め、塾生からは3～5万円の受講料を徴収した政治塾「希望の塾」を運営していた。単純計算で億単位の収入があったはずで、講師料や会場費、警備代などの塾運営費用を差し引いても、資金は潤沢に残っていたはずである。

受講料の名目で徴収した政治資金の用途が不透明な点については、かねてから塾生やメディアから批判の声が出ており、私も内部から再三にわたって一定レベルでの公開を求めてきた。

私自身は2017年1月まで都民ファーストの会の「会計責任者」を務めていたが、後任者に通帳を引き継いでから政治資金の用途はまったくわからなくなっている。

そして2017年11月にようやく2016年分の都民ファーストの会の収支報告が公開され、収入の総額は1億6881万円で、すべて受講料収入だった（女性や学生に対して割引価格があったため、収入は2億円に達しなかったものと思われる）。

政治塾がスタートしたのは2016年10月末からであったため、年内に支出されたのは人件費やネット中継技術費など約920万円にとどまり、収入のほとんどである約1億6000万円が次年度に繰り越されている。法で定められている政治資金収支報告書の公開をただ待つとすれば、1年後まで都民ファーストの会の政治資金運用は完全に「ブラックボックス」の中というわけだ。


確かに希望の塾は規約の中で「会計報告は政治資金収支報告書をもって充てる」と定めており、対応に法的な瑕疵《かし》はない。しかしながら、希望の塾は当初、これほど多くの受講生を集めることも、余剰の政治資金が生じることも想定されていなかった。

本来の塾運営以外（選挙に向けた政治活動など）に使用しているとすれば、迅速に塾生に対して開示するのが「情報公開」を一丁目一番地に掲げた政党として望ましいやり方ではないだろうか。

こうした不透明な会計については今もって解決を見ておらず、原資が税金である政務活動費については、後述する知事側近の「天下り」にも充てられることになる。

「文書質問」と「資料要求」まで禁止される

8月の臨時議会、9月の第3回定例会と議会日程を消化していく中、都民ファーストの会はさらなる迷走と締め付けを見せ始めた。

それが「文書質問」と「資料要求」の自粛要請である。

まず前者の「文書質問」であるが、議員のもっとも重要な職責は、本会議や委員会の場で「質問」し、行政の不正を糺《ただ》したり、より良い政策提案を行うことである。

しかしながら、特に本会議で登壇できる回数や時間には限りがある。最大会派にはかなり長い質問時間が与えられるものの、所属議員数で割れば結局のところ、もっとも格式が高い本会議場で質問できる機会は1年に1度というのが都議会の通例である。

しかも持ち時間は10分前後と極めて短く、質問できる政策分野は2つ、ないしは3つ程度に絞られてしまう。

そこで都議会議員に与えられている権限が「文書質問」だ。定例会の中で本会議に登壇・質問しなかった議員は、執行機関に対して文書で質問を送ることができる。国会で言うところの「質問主意書」と同様の仕組みである。

文書質問には質問数や文字数に制限がないため、私も一般質問の出番がないときは多岐にわたる政策分野について必ず提出していたし、同僚の上田都議に至っては前期4年間で、この制度を活用して1000問を優に超える質問を行っていた。

しかしながら、都民ファーストの会は、この文書質問の提出を「事実上」禁じるという。事実上としたのは、正確には「文書質問をしたい場合は政調会に相談する」という建前になっていたからだが、相談したところで許可が下りる見通しはないため、やはり禁止と言って差し支えないだろう。役員たちは文書質問を禁じる理由として、

①第1会派なので質問できる時間が充分にある。

②文書質問は、当該定例会で提出しても、次回の定例会まで答弁が返ってこないので都民ファーストの掲げるスピーディーな対応に反する。

をあげたが、どちらも軽々しく首肯することはできない。

質問時間については、確かにトータルでは長い質問時間が与えられているが、各個人となると年1回、10分程度の持ち時間となることは前述の通りだ。

各所属の委員会で質問の機会があるとはいえ、これでは自分の所属委員会以外が管轄する政策分野については、著しく政策提言の機会が奪われることになる。

「スピーディーな対応ができない」という点も疑問だ。確かに文書質問は答弁が返ってくるまでに時間がかかるが、タイムリーな答弁が必要なものばかりとは限らない。

当意即妙に前向きな答弁が返ってくることなどむしろまれな方で、地道な提言の積み重ねが政策実現につながることは、議会人であれば当然にわかっているはずだ。

政調会に相談した上で必要性が認められれば、質問を他の議員へ割り振ることも検討するとのことだったが、質問というのは文書を書いて読めばハイ終わりではない。意図するところを執行機関とすり合わせながら、前向きな答弁をもらうために細部にわたる調整や駆け引きが必要になる。

そうしたものを他の議員に任せるというのは、とても現実的な方法ではない。

もう1つの「資料要求」は、委員会質疑にあたって各議員が執行機関側にあらゆる資料を要求できる権利である。「過去5年分の○○事業にかかった経費の推移」「××制度に関連して、知事が関わった会議で使用された資料すべて」など、原則として記録に残っていそうなもの、資料にまとめられるものであれば、なんでもかまわない。

ただし、執行機関側に明らかに存在しない、あるいは作成不可能な場合は「不存在」として却下されることもある。

資料要求で執行機関側から提出された資料は、公文書として開示されて一定期間の保存もなされる。議員たちが質疑を行う際のエビデンスになるわけだ。

仮に質問で活用されなくても、「こうした点を議員・都民はチェックしているぞ」と執行機関に対して働きかける副次的な効果も期待できる。

しかしこの資料要求も、「第1会派なので、委員会を通さなくても各局に依頼すれば入手できる」「執行機関側に過度な負担になることを避ける」などの理由で、自粛するように通達がなされた。

確かに資料要求は一般的に、当局から資料やデータの開示を渋られる野党が行使することが多い。だからといって、議員の権限である資料要求を禁じるのは不穏当な話である。

結局のところ、文書質問や資料要求を禁じる目的として見え隠れするのは、「小池知事を傷つけないため」というイエスマン根性だ。

質問というのは根本的に、執行機関側の政策を「問い質す」ことであるから、どうしても批判めいたものになることが多い。資料要求も基本的には行政の瑕疵を発見したり、「痛いところをつく」ために行うものだから、開示される情報によって執行機関、ひいてはそれを率いる小池知事の責任問題につながることもあるかもしれない。

しかし、それこそが二元代表制における議会の役割であり、ときには小池知事と毅然として対峙することがあっても、より良い政策を実現していくことこそが議員の存在意義のはずだ。

その役割を、知事が事実上率いる第1会派が放棄するならば、それは単に執行機関と議会を一元化する独裁体制の構築に過ぎない。

実際に2017年夏に行われた臨時議会において、都民ファーストの会は代表質問の中で知事を「高く評価する」との発言を連発。各種の報道ではチェック機関として機能不全を懸念する声が相次いだ。

このような方向性に懸念を持つ良識的な議員からは、「もう少し批判的な意見や視点も入れた方が良いのではないか」という意見も出されたが、それに対してある役員は「知事の支持率は極めて高いのだから、自信をもってイエスマンになればいい」と言い切る有様だった。

こうした由々しき事態の中、区議会議員からの叩き上げである上田令子都議は総会の場で、議員の権限を制限し、知事を礼賛する方針に異を唱え、言論統制の内規を破って自身のブログで痛烈に党の方針を批判した。

処分も覚悟した捨て身の主張であったが、それが顧みられることはまったくなく、むしろ上田都議は役員から個別の呼び出しを受けて強く諫《いさ》められたようだった。

独裁的な意思決定、不透明な資金運用、議員活動の制限……日に日に党運営に対する懸念が強まる中、ここから我々の離党を決定づける出来事が立て続けに起こっていった。

党代表を毎回密室で決める小池知事

2017年9月中旬、冒頭で触れた都議選後2度目となる「代表交代」が突然発表された。

都議選翌日の小池知事→野田数氏から、野田数氏→荒木千陽都議へ。荒木千陽都議は今回の都議選で初当選を果たした新人議員で、年齢も三十代半ばの若手である。期数や年齢で役職が決定されることが必ずしも望ましいとは限らないが、3期・4期以上務めるベテラン議員たちも存在する中での代表就任は極めて異例だ。

この人事は規約で定められた「代表選考委員会」なる組織で協議・決定したとされているが、この選考委員会に参加しているのは幹事長・政調会長、そして特別顧問である小池百合子知事のわずか3名である。前回の代表交代は小池知事・野田氏の2名で決められ、今回は意思決定者がわずか1名増えているだけで、その密室性と閉鎖体質はまったく変わっていない。

繰り返しになるが、55名もの都議会議員が所属している公党（地域政党）において、この非民主的なプロセスは異常である。しかも代表交代は報道が先んじることになり、所属議員たちへの説明は事後報告でメール1本という有様だった。

荒木都議は小池知事が衆議院議員時代から長く秘書を務めてきた人物で、都議選に出馬する直前まで、小池百合子事務所を所長として取り仕切っていた。

さらに一時期は小池知事と同居し、文字通り寝食をともにしてきた小池知事の「腹心中の腹心」である。

同じく小池知事の元秘書である野田氏から荒木都議への密室でのバトンタッチは、特別顧問である小池知事が都民ファーストの会に「院政」を敷き、ますます私物化していくための布石のように思えてならなかった。

加えて我々都民ファーストの会は、政敵である自民党都連の運営や人事などを「不透明なブラックボックス」と強く批判してきた立場だ。

都知事選での小池知事のスローガンは「都民と決める、都民と進める」であり、都議選でも都民ファーストの会は情報公開の徹底を繰り返し訴えてきた。

その組織が、都民の代表者である都議会議員たちの意見をほとんど聞くことなく、一握りの人間だけでいつの間にか「党代表」という極めて重要な人事を決めることは、到底看過することはできない。

ネガティブな報道が行われることも容易に想像できるのに、なぜこのような愚かな行動をしてしまうのか、私にはまったく理解することができなかった。


そもそも、野田氏が代表を突然退くことになった理由もはっきりしない。表向きは「特別秘書職として都政に専念する」とのことだったが、特別秘書職との兼務は今に始まった話ではない。都民ファーストの会が発足し、野田氏が代表に就任した当時から「知事の特別秘書が政党代表を兼務することは、二元代表制を毀損するのではないか」との批判の声はあったが、意にも介さずにここまできたはずだ。

この代表交代劇については、国政選挙に関連した人事だという見方が強い。安倍総理がいつ解散を仕掛けてくるかわからない中、都民ファーストの会も「国政研究会」なるものを立ち上げて国政への牽制球を投げていたが、野田氏は急激な国政へのシフトチェンジと、小池知事の過剰なコミットメントには慎重な立場だった。

また、国政に関与するのであれば、その動きの中心には自分が……と考えていたようであり、後に国政新党「希望の党」の立ち上げメンバーとなる若狭勝衆議院議員（当時）と緊張関係にあったと言われている。

国政選挙で勝利するためには、都民ファーストの会と国政新党の足並みが揃うことが必要不可欠であり、野田氏と若狭氏では連携を取ることが難しい。そこで、さらに小池知事のコントロールが効きやすい、荒木都議を急きょ代表に据えたのだろう。

仮にそのような理由であれば、都民や都政には一切関係のない話である。

そして迎えた議員総会では、幹事長から形式的な説明（野田前代表は都政に専念する、荒木都議はパワフルな女性で代表にふさわしいから選んだ云々）があった後、荒木新代表から就任あいさつと、拍手で承認されるというセレモニーが行われた。

拍手がされる段になって、私は大声で「異議あり！」と唱え、意思決定プロセスが極めて不透明なブラックボックスであることを指摘し、新代表を決めるのであればオープンな選挙を実施するべきだと強く主張した。

役員からは「規約に則った手続きで決められているので、プロセスにまったく問題はない」との反論があり、ベテラン都議が「全員野球で頑張っていこう」と場を取りなし、再び拍手がされて総会は幕引きとなった。

私に続く異論は残念ながらなかったが、拍手の数は想像より少なかったと証言する出席者もいた。


私はその場では引き下がることにしたものの、「全会一致で代表が承認されたわけではなく、異論も出たことは対外的に明らかにして欲しい」と留保をつけた。

かつて自民党都連では都知事候補を選ぶ際、「全会一致」で決まったと対外的に公表していたが、当時自民党に所属していた若狭氏が反対していたことを明らかにしており、事実の捏造を厳しく糾弾していた。自分たちが批判してきた組織と同じやり方をしないように、ということだ。

この約束は履行され、総会後に行われた新代表就任の記者会見では、新代表が「異論は出たが、異論が出ることは組織として健全なこと」というコメントを発表した。この対応には感謝している一方で、記者会見で代表を含む役員は「規約通りに決めてまったく問題ない」「異論を唱えた方は、その規約作りに携わった人物だ」と再三にわたり説明しており、この自己正当化の主張についてはまったく首肯できない。

そこで、この都民ファーストの会の「独裁規約」についても触れておきたい。

密室的な意思決定を許す「独裁規約」

政党の「規約」は、組織にとっての憲法とも言える非常に重要なものだ。規約のあり方次第で、組織は民主的にも独裁的にも変化する。

まず大前提として、地域政党都民ファーストの会の規約は2018年3月現在でも一般に公開されていない(入手には情報公開請求が必要であり、これでは公開されているとは言えない)。所属議員たちに対しても、公開したのは都議選後2度目の代表交代が行われた議員総会の後である。

都議の一人が「規約通りに行われたというなら異論はないが、そもそもその規約が手元にない。所属議員に対して規約を開示して欲しい」と発言してようやく公開されたのだ。

どうしてここまで頑なに、自分たちの規約を多くの人の目に触れさせようとしないのか。それは都民ファーストの会の規約は極めて杜撰《ずさん》な上、独裁的な作りになっており、とても一般公開に耐えられるものではないからだ。

通常、政党に限らず、あらゆる民主的組織は、「執行機関」と「議決機関」が分かれている。

例えば学校の生徒会でも、学校運営について生徒会が定められた方針に沿って担っていくが、その方針が決定・承認されるのは全校集会という議決機関だ。

仮に執行機関が議決権も一緒に持っていたら、全校生徒の意見を無視して生徒会に所属する一部の生徒たちが独裁的な運営をすることが可能になってしまう。そうした事態を防ぐために、執行機関と議決機関を切り離しておくことは近代組織の鉄則だ。

ところが都民ファーストの会の規約では、この常識とも言える鉄則がまったく守られていない。

一般的に政党の意思決定は、所属議員や党員が出席する党大会や総会で行われることが多いが、都民ファーストの会の規約には議決機関としての党大会や総会は存在しない。

本来は執行機関であるはずの役員会が、人事や予算、さらには規約の改正まで決定できると定められている。まさに執行機関と議決機関の一体化である。

政党にとっての憲法である規約まで、所属議員や党員に諮《はか》ることなく変えられるというのだから、北朝鮮などの独裁国家の仕組みとなんら変わるところはない。

実際、都民ファーストの会の規約は都議選後の8月10日に改正が行われていたが、所属議員たちにはその変更すらまったく知らされることもなく、私自身もその改正に気づかなかった。まさに「やりたい放題」である。

都民ファーストの会の役員たちは代表交代後の記者会見で、「異論を唱えた方は、その規約作りに携わった人物だ」とあたかも私にも責任があるかのような主張をしているが、これは正しくない。むしろ私はこの規約の問題点を指摘し、改善を当初から訴えてきた。

私が都民ファーストの会の規約策定チームにいたことは事実だ。当初の規約策定チームに対しては、野田代表（当時）から「長く続く政党としてしっかりとした規約を作りたい」「伝統的な政党の規約を参考に作り込んで欲しい」という方向性が示され、国内外の政党の規約を参考に、約百条にも及ぶかっちりとした規約案を作り上げた。

もちろんこの規約では、執行機関と議決機関は明確に分かれているし、その重要性についても会議で口を酸っぱくして説明・共有していた。

ところが途中で、急きょ方針が転換される。野田代表から「これでは迅速な意思決定を行うことができない」「知事のスピード感に対応できない」という意向が示され、規約は全面的に作り直されることになった。

その言葉の裏には「知事の思うがままに動かせる組織を作りたい」という意思が見え隠れしており、野田代表の方針転換には、小池知事自身の考えが強く反映されたのだろう。

私を含む数名のメンバーは、前述の理由から、こうした独裁規約を持つことに大反対をした。しかしながら「今はまだ所属議員も数名しかいない小さな組織。この規約は暫定的なもので、都議選後に組織がセカンドステージに達したら再検討しよう」という意見に押し切られ、規約は大幅に作り替えられることになった。

苦労して作り上げた約百条もの規約案はたったの26条にまで圧縮されたが、「都議選後に再検討・作り替える」という言質を取った私はしぶしぶその時点では引き下がった。

ゆえに、このような暫定的な規約で代表が何度も変わったりすることは、そもそも想定されていなかったのである。

加えて口うるさい私は規約を作り直す過程で、規約策定チームから除外されたため、最終的な規約決定には携わっていない。

今もなお都議会で第1会派を占めている政党が、このような危険で独裁的な規約・性格を持つことは、まだ充分に報じられているとは言い難い。

都議団幹事長という要職にあった際に、このような規約を持つことを許してしまったのは私の過ちであり、慚愧の念に堪えない。少なくともこうした政党規約は早急に都民に公開し、都議選で自分たちが訴えた理念に沿うものなのかを有権者に問うべきではないだろうか。

都民ファーストは知事側近の「天下り」パラダイス

予想通り、突然の荒木代表への交代劇は各種メディアで否定的に扱われた。私が議員総会で異議を唱えたことも報じられたし、仮にそれがなかったとしてもネガティブな評価は避けられなかっただろう。
2度にわたる代表交代は都民ファーストの会のガバナンス不在と、小池知事による傀儡《かいらい》化《か》のイメージを決定的なものにしたと言っていい。
こうした中、私は党内改革のために最後の努力を続けた。新代表および主要な党役員に対して、期限付きの申入れ書を提出した。これは当然、特別顧問である小池知事にも渡っているはずである。少し長くなるが、全文を引用しておきたい。

都民ファーストの会
都民ファーストの会東京都議団　役員各位
「党運営・会派運営の改善について」

都民ファーストの会所属の東京都議会議員が55名になってから、早くも約2ヶ月が経過しました。しかしながら、その間の党運営・会派運営は決して民主的なものとは言い難く、「情報公開」を旨とする組織として極めて先行きが不透明であると断じざるを得ません。9月11日にも、民主的なプロセスを経ずに党代表が交代したことに鑑《かんが》み、組織運営・組織風土の抜本的な改善が必要であると考えます。そこで、下記の対応について、早急な対応・検討を求めるものです。

■所属議員および都民への党規約の公開

党代表は規約に記載された「代表選考委員会」で決められたとのことですが、そもそも所属議員たる我々すら、現在の規約が手元にありません。この状態では、手続きの是非について確認することが不可能です。また、多くの有権者の方から、規約をインターネット上などで公開するよう問い合わせがきています。情報公開を旨とする近代政党として、党規約が適切な形で開示されることを求めます。

■党運営・会派運営費用の公開

現在、所属の都議会議員は党費6万円、政務活動費15万円を党および会派に納めています。55名の都議会議員合計で1000万円以上になる規模ですから、その詳細な用途は適宜（可能であれば毎月）議員に対して公開されることを望みます。また、併せて疑念が持たれることも多い「希望の塾」運営費用等についても、開示されることを求めます。

■議員総会における意見交換・議論の実施および公開

現在の議員総会は、ただ役員会で決定されたことが伝達される場でしかありません。所属議員が意見を表明し、議論をする場にされることを求めます。また、党内議論については一定程度、オープンにすることが望ましいと考えます。

■意思決定プロセスの抜本的な見直し

そもそも、55名もの都議会議員を擁する組織において、外部から非公開の役員会ですべての意思決定が行われること自体が、極めて不健全であると言わざるを得ません。重要事項については民主的プロセスに則り、議員総会での意思決定が行われるよう、手続きおよび規約の見直しを求めます。

■情報共有体制の改善

今回の新代表就任はもとより、重要事項を所属議員よりマスコミが先に知るという事態が横行しています。特に今回のケースでは、13日に議員総会が予定されていたのですから、明らかにマスコミへの伝達はその後に行うのが適切でした。重要事項については、しかるべき方法で所属議員に事前に共有されることを望みます。

■議員に対する取材規制・言論規制・政治活動制限の撤廃

多くのマスコミから指摘があるように、現在の党・会派の所属議員には事実上の「取材規制」「言論統制」がかかっており、組織内の意思統一のために許容できる範囲を超えています。議員として自由な言論活動・政治活動を阻害しないよう、本部許可制になっている取材規制の即時撤廃を求めます。また、部会単位以外での視察や会合・食事会が制限されていることについても、再考されることを望みます。

■所属議員の参加による代表選の実施

自民党都連などによる人選を「ブラックボックス」と糾弾してきた我々だからこそ、都民に見える形で意思決定・代表選定を行うことが不可欠です。所属議員も参加可能な形式による、民主的で開かれた代表選の早期開催を強く求めます。

以上の申し入れ事項について、平成29年第三回定例会終了時（10月5日）迄に、議員総会で議論・検討されるなど、何らかの形で取り計らわれることを望むものです。

以上

ここまで本書にも述べてきた党内の問題点を、ほぼ網羅的に指摘したものである。もちろん提出するだけではなく、荒木代表には時間をとってもらい、1対1で話し合いをさせてもらった。

その際に言われた「規約の改正も含めて検討していきたい」という言葉や考えはまったくの嘘偽りではなかったと思うし、丁寧な応対をしてもらったことには感謝している。

しかしながら、都民ファーストの会が荒木代表や役員たちのものではないことは、もはや関係者には周知の事実だ。

それを証明するかのように、代表交代によるゴタゴタすら落ち着かないまま、次なる事態が動き出すことになる。

それが、東京都顧問・小島敏郎氏の都民ファーストの会政務調査会事務総長への就任である。

小島敏郎氏は環境省時代から小池百合子環境大臣（当時）の政策ブレーンを務め、小池氏の知事就任後には東京都顧問として、また市場問題プロジェクトチームの座長として活動してきた人物だ。

官僚出身で弁護士、頭脳明晰な方なのかもしれないが、市場移転問題を検証している最中に突如として実現性の乏しい築地市場再整備案、通称「小島私案」を発表して移転問題を混迷の渦に巻き込むなど、その行政手法や知見には疑問の声も多く聞かれている人物である。

この小島氏が東京都顧問を辞任するという情報が駆け巡ったと思ったら、なんとそこから間をおかずして都民ファーストの会の政務調査会事務総長に就任するという。

またしても突然の報道に、私は怒りの限界点をとっくに通り越して呆れ返ってしまった。あまりにもメチャクチャだ。

政調会事務総長といえば、政策を立案する政務調査会の事務方トップで、事実上の政党・会派の政策責任者である。元秘書・同居人である荒木都議を代表に据え、さらには政策責任者に自分の政策ブレーンを就任させる。小池知事による都民ファーストの会「私物化」の完成である。

百歩譲って能力や知見に対する評価はそれぞれ異なるため脇に置いておくとしても、東京都顧問が辞任した翌日に政党の政調会事務総長に再就職するなど、やり方・見え方が最悪なことは言うまでもない。

本件が報告された議員総会でも、私は「極めて政治的意味合いが大きい人事で、こうしたことが議員である我々になんら相談されないまま決定されたことは極めて遺憾」と述べた上で、就任の経緯などについて問い質したが、予想通り「小島先生は能力が高く、政調会にふさわしい人物」「政治的な意図などではなく、むしろこちらから頭を下げてお願いした」という通りいっぺんの説明しか行われなかった。

このとき上田都議も異を唱えるために挙手をし、小島氏が政調会事務総長に就任した場合、その給与は政務活動費から支払われるのか、適正額なのかどうかなどについて詰問した。一般的に政調会の事務スタッフは政務活動費から人件費が支出されるので、小島氏の給与は都民の税金が原資である政務活動費から支払われる可能性が高い。知事側近の「再就職」が都民負担で行われるようなことがあってはならないのは理の当然だ。

この点について、上田都議は後日、自身のブログにて、

「三権分立でいえば、『行政府』にあたる都庁の顧問を務める小島氏が、翌日から『立法府』たる議会会派の頭脳部たる政調会事務総長に就任することには大きな問題意識を感じるものです」

と厳しく指摘している。

小島氏が突如、東京都顧問を辞任した理由も諸説囁《ささや》かれており、確たることははっきりしていない。

市場移転問題が混迷する中、このまま東京都顧問を続けていれば議会野党会派から参考人招致を求められる可能性があり、それを避けるためだとも言われている。

顧問を辞任するのは個人の自由であるが、その直後に議会側に天下りしてくる行動は理解の範囲を超えている。世間からのバッシングが容易に想像できるにもかかわらず、小池知事がなぜこのような決断を下したのかはわからないが、自身の高い支持率をもってすれば容易に乗り越えられると考えたのだろう。どこまでも「自分ファースト」を貫く姿勢が

垣間見え、私の中で最後に残っていた小池知事への信頼や期待は消えていった。「離党」の二文字が現実的なものになってきたとき、解散総選挙の風により、事態は急激に動き始めることになる。

人を手駒のように動かす小池知事の手法

2017年9月下旬には衆議院の解散が決定的な雰囲気となっており、野党各党は慌ただしく選挙準備に入っていった。

小池知事に関連しては、都知事選のときから小池氏を一貫して支持し、自民党を離党した若狭勝衆議院議員と、民進党を離党した知名度の高い細野豪志《ごうし》衆議院議員が中心となって新たな政党が立ち上げられると思われていたが、ここに待ったをかけたのが、小池知事その人である。

9月25日に急きょ設定された緊急記者会見で、小池知事は「希望の党」という党名を発表するとともに、これまでの枠組み（若狭・細野体制）を「リセット」して、自らその代表に就任することを発表したのである。

これまでと同様、そうした動きが都民ファーストの会所属の都議たちに事前に知らされるわけもなく、多くの議員たちと同様に私も度肝を抜かれた。

とはいえ、その兆候はあった。ちょうどこの時期、小池知事は都民ファーストの会の所属都議と5～8人程度の単位で懇親食事会を重ねており、「来週、面白いことが起きる」「期待していいわよ」と予言めいた発言をしていたようだ。

なお、奇しくもその懇親食事会は小池知事による緊急記者会見により、私と上田都議が参加する最終回の直前に中止された。

出席した都議たちの多くは、懇親食事会での「前フリ」があったにせよ、せいぜい小池知事の役職は共同代表までだろうと予想していたようで、驚きとともに「支援者にどういって説明したら……」と、早くも困惑する新人都議の姿もあった。

小池知事の単独記者会見による結党宣言は、タイミングといい内容といい、見事としか言いようがなかった。「結党宣言」といえば結党メンバーがずらりと並んで行うという常識を覆し、またこれまでの枠組みをあっさりと「リセット」して、自らがトップに躍り出るというパフォーマンス。そして記者会見では「政権交代」という言葉を敢えて用いたインパクト。これまで与党が圧勝すると見られていたが、ムードは一転して、この日から話題の中心は小池知事となった。

安倍首相による解散宣言のインパクトは霞み、この日の夜はすべてのキー局で安倍首相と小池知事が並列で取り扱われた。その後、希望の党への民進党の合流まではまさに小池フィーバーといった状態で、このメディア戦略は見事という他ない。

すでに一連の流れから小池知事に懐疑的になっていた私ですら、本当に国政がひっくり返るのではないか？　と胸のざわつきを覚えたことは認めざるをえない。


しかし、である。この小池知事の国政進出は、どう取り繕っても都民への背信行為であることは明らかだった。確かに日本維新の会のように、地方の首長が国政政党の代表を兼務する例がないわけではないし、相乗効果を狙える場合もあるだろう。

しかし目下のところ東京都政は、未解決の市場移転問題に直近の東京五輪開催と、他都市とは比較にならないほど多くの課題が山積している。何より小池知事自身が都議選直後に、「都知事職に専念するから」という理由で地域政党の代表を退いているのだ。

その舌の根の乾かぬうちに今度は国政政党の代表に就任して選挙に臨むというのでは、選挙のために、票のためにコロコロと立場を変える政治屋だとの批判から逃れることはできない。直近3代の知事が任期途中で辞任している現状で、都民が期待しているのは都政に専念し、当たり前に都知事職の任期を全うすることである。

また記者会見の際には手際よく、事前に周到に準備されていたであろう、プロモーションビデオが公開された。

「隠蔽体質」「組織の圧力」「既得権益」……古い政治の象徴として並ぶ言葉を見て、私は思わず「都民ファーストの会、そのものじゃないか！」と声をあげた。

足元の都政で、約束した情報公開もしがらみのない政治も実現できていないのに、国政進出なんてまるで順番が違うだろう。何より、都政でまったく実現できていないことが、国政に行けばできるなんて、私には到底思えなかった。

さらに小池知事は「将来的には総理を目指すのか」と問われた際、「インシャーアッラー（アラビア語で『神のみぞ知る』『神の望むがまま』にという意）」と人を食った答えを述べるなど、ギリギリまで衆院選の出馬を模索し続けていたことは疑いない。

都知事選のときもそうだったが、小池知事は世論調査などで情勢（風と言っても良い）を見極めて、行動を柔軟に変えていく。

このときもマスコミが行う世論調査や独自調査の結果などを注視していたであろうし、結果として情勢の悪化から出馬は断念することになったものの、仮にあのとき「風」が吹き続けていたら、小池知事は間違いなく衆院選に出馬していただろう。

この出馬の有無については私の直感に過ぎない部分もあるが、少なくとも小池知事がこの時点で都政に対して、完全に興味を失っていたことを示すエビデンスは1つある。それは東京都専門委員の「引き抜き」だ。

知事が目玉政策として発表していた築地市場跡地の再開発プランについて、詳細を話し合う検討委員会が8月下旬にようやく立ち上がり、10月に初会合が行われることになっていた。言うまでもなく、市場移転問題の中核である築地再開発は都政における喫緊の最重要課題である。

外部有識者で構成される再開発検討委員会は、知事の任命責任のもとで選出されたメンバーで構成されていた。このメンバーの一人を、あろうことか第1回の会合が行われる前に辞任させ、希望の党の都内選挙区から擁立したのである。

都は表向きの退任の理由を「一身上の都合」としているが、そんなはずはない。都知事が任命した委員が辞任し、都知事が代表を務める政党から公認を得て出馬したのだ。都知事の意思が働いていないはずがない。

このとき、小池知事は築地再開発を投げ出し、総理大臣を夢見て出馬することを画策していたことは容易に想像できる。この点については未だに総括されていない重要な問題点だと思っているし、小池知事は築地再開発への向き合い方を真摯に反省し、もはや知事自身が熱意と興味を失っている再開発プランについては謝罪の上、速やかに撤回するべきだと強く申し述べておきたい。

また、前述の都民ファーストの会代表や政調会事務総長などを決めたときに繰り返される、人を自身の「手駒」かのように軽々しく動かす小池知事の手法は、為政者としての資質に疑問をもたれかねない極めて不適切なものであるし、こうした資質については都民・有権者は今後も留意しておく必要があるだろう。

私が希望の党からの出馬依頼を断った理由

小池知事が希望の党代表就任を発表した日の夕方、都民ファーストの会では緊急議員総会が開かれ、「姉妹政党」として希望の党を全力で支援していくことが通達された。

希望の党はまだ政策も公約も発表しておらず、この時点で海の物とも山の物ともつかない政党だった。にもかかわらず、都民ファーストの会は無条件で支援するという。

ご丁寧に「自分の選挙区にどんな候補者が来ても、きちんと応援するように」というお達しまで付いてきた。私はもはや異議ありと挙手をする気力すらなく、漫然と進行する議事を見つめていた。

私が求めていた新しい政治は、どこにもなかったのだ。しがらみを捨て、政局に縛られず都民のために邁進《まいしん》する議会活動など、望むべくもなかったのだ。このまま都民ファーストの会に残れば、あるのは、ただただ小池知事の「私兵」として追随し、生き残りのために選挙に臨む集団の一員となる未来だけだった。

この時点で、すでに私の考えは「離党」で9割方固まっており、それは上田令子都議も同様だった。このときは都議会定例会の最中であったため、離党届を提出するのは閉会後だなとぼんやり頭の中でスケジュールを組み立て始めていた。

だがここで、新たな動きも起こる。希望の党からの衆院選出馬依頼だ。私や上田都議の不満が党内で高まっていたことは、もはや誰の目にも明らかであり、選挙前に暴発するようなことがあれば、そのダメージは無視できない。そうしたこともあって、希望の党のしかるべき立場の方々より、複数回にわたって衆院選への出馬オファーが舞い込んだ。

直接の連絡が来ることもあったし、仲介者が交渉のために私の事務所を訪ねてくることもあった。

「不満があることはわかっている。ただここで短気を起こして離党することは、君の政治キャリアにとってもプラスではない」「国会議員になれる数少ないチャンスだ」「まずはバッジをつけてから、国政の中で改革を主張すればいい」などと説得は複数回にわたった。

私はかねてから国政に興味があることは公言しているし、このオファーに魅力をまったく感じなかったと言えば嘘になる。希望の党の獲得議席は100議席から150議席とも言われていたし、小池知事のお膝元である都内の選挙区から出馬できれば当選する確率は高い。

政界関係者ほど私に目をつぶっての国政転出を勧めてきたし、実際に私も複数の選挙区で世論調査をかけて自身の当落予測を見てみたりした。

しかしそうこうしているうちに、希望の党はますます「ヌエ」のような実態を露わにしてくる。政権交代の旗印を実現するために、政策も発表されていないうちから民進党との合流話が進んでいき、絶対に政策・理念が相容れないような政治家たちの希望の党への入党が次々に報じられた。

民進党議員の全員は受け入れず、一部を「排除する」と宣言した、いわゆる「排除」発言による大きなバッシングはまだ巻き起こっていなかったものの、希望の党が選挙目当ての「野合」になりつつあることは誰の目にも明らかになっていた。

確かに国会議員になりたい気持ちは正直、ある。しかしそれは、自分の信念をすべてかなぐり捨て、小池知事の支配下に置かれてまでなるべきものなのか。

ここで希望の党から出馬すれば、当選しても一生、小池知事に頭が上がらない政治家人生を送ることになるだろう。

ここまで虐《しいた》げられながらも党内で一定の発言ができてきたのは、私が「小池チルドレン」ではなく、選挙での貸し借りがそこまでなかったからだ。衆院選に出れば、名実ともに「小池チルドレン」の仲間入りだ。

何より、このように迷っていること自体が、自分自身の心の弱さの表れではないか。ここまでの都民ファーストの会の運営を見れば、小池知事の目指すべきものと私の理想や政治的思想が、まったく異なることは明白だ。ならば信念に従って言下に出馬依頼を断るべきなのに、国会議員なりたさに迷っている自分がおかしいのだ。

このような心の弱さで仮に国会議員のバッジをつけてしまったら、そのバッジの魔力に取り憑かれ、選挙での当選のために信念を曲げてフラフラと生き続ける「ゾンビ議員」になってしまう。私はまだ、国政に挑戦するにはあらゆる意味で未熟すぎる……。

正気に返った私は、衆院選の出馬依頼を正式に断ることを決めた。同じく希望の党から出馬依頼が来ていた上田令子都議も、一足先に「理念も政策も違う相手と組むことはできない」とキッパリと断りを告げていたようだった。

私たちの腹は決まった。小池知事とは決別する――。

記者会見で堂々と嘘を言う都民ファースト

離党届の提出は、都議会閉会日である10月5日と決めた。離党については、前期4年間をともにしてきたもう一人の「ファーストペンギン」両角穣都議とも話し合ったが、彼はまだ中に残って党内改革にチャレンジするとのことだった。名残惜しいが、政治家の出処進退はそれぞれが自己責任で決めるものだ。同じ志を持つもの同士であれば、また道が交わることもあるだろうと思っている。

しかし、ここからが大変だった。マスコミの注目が小池知事にこれだけ集まる中で、都民ファーストの会から離党するというのは容易ではない。

まず冒頭に述べたように都議会閉会日の2日前には、夕刊によって離党報道が先行してしまった。案の定、ここからテレビ等のメディア取材が殺到することになったが、まだ議会中であることに鑑み、必要最低限の対応をするにとどめ、メディアを通じての都民・有権者への発信は離党届提出後に行うことを決めていた。

ところが、都民ファーストの会が予想外の行動に出た。10月3日の夕刊報道を受けて、役員が記者会見を開き、「音喜多、上田両都議が都民ファーストの会を離党するのは、国政選挙への公認がもらえなかったからだ。一次公認リストに自分たちの名前がないのを見て、離党を決断されたのではないか」という主旨の見解を述べたのだ。

こちら側に非があると思わせることでダメージを避けようとする狙いのようだが、嘘をつかれた方は堪ったものではない。事実はまったくの逆で、前述のようにこちらは希望の党から出馬依頼を受けた側であり、それをきっぱりと断っている。

希望の党と都民ファーストの会は表向きは別組織だから、都民ファーストの会の役員は我々が出馬依頼をされていたことを知らなかったのだろうか。いや、それは絶対にありえない。その証拠となる事実を1つ、私は示すことができる。それは私に対して、一次公認を発表する前日深夜にどういうわけか「都民ファーストの会の役員」から電話があり、一次公認で衆院選への出馬を発表したいという連絡があったことだ。

もちろんそれも重ねて断ったが、この一事をもって都民ファーストの会の役員たちが希望の党からの出馬依頼を知らなかったことはないと断言できる。つまり、都民ファーストの会の役員たちは残念ながらこの期に及んで、自分たちの立場を守るため、そして私たちを貶めるために「嘘」をついたのだった。この対応についても、小池知事の意向が働いているのだろうかと想像すると、それもまた悲しいことだ。

ビジネスの世界などでもそうだが、先行きが不透明な政界では特に、組織を離れるときは「立つ鳥跡を濁さず」で古巣を悪く言わない方が良いとされる向きもある。我々も当初はそうした方向で検討し、政治家として自分たちの離党理由は説明しつつも、どこまで赤裸々な真実を語るかについては慎重な対応が必要と考えていた。

しかしながら、最後の最後までこのような不誠実な態度を取られるのであれば、しっかりと反論しなければならない。私たちは、方針を転換することにした。

これが都民に選挙で約束をした「情報公開」という、もっとも大事な公約を踏みにじってしまった組織の本質なのだ。都民・有権者が知るすべがないと思えば、平気で嘘をついて事実を捻じ曲げようとする。このような組織の実態と、そしてそれを事実上率いている小池知事の資質は、総選挙の前にできる限り幅広く伝える責務がある。

しかし、相手は目下のところ、日本でもっとも人気のある女性政治家であり、都議会で最大勢力を誇る巨大地域政党である。

この10月上旬にはまだ、希望の党の議席獲得予測も堅調だった。世論の流れによっては、私たちの決死の告発はあっさりと潰され、政治生命が終わる可能性だってある。

それでも、覚悟は決まった。

都民ファーストの会の役員がついた「嘘」をすぐさまブログで打ち消すと、翌日から積極的にすべての取材を受けて、「まだ議会中のために検討段階だが」と前置きした上で、その理由を述べた。希望の党から出馬依頼があったが、断ったことも丁寧に説明した。

当然、小池知事や彼女が率いる都民ファーストの会や希望の党は、少なからずパニックに陥ったことだろう。都民ファーストの会からは「報道内容を説明するために出頭せよ。さもなければ、あらゆる処分を検討する」という旨のメールが届き、希望の党関係者からは「なんとか思いとどまってくれないか」「このタイミングでの離党はテロだよ!」など、引き止めとも悲鳴とも取れるような連絡が相次いだ。

お世話になった方々には感謝の意を述べつつも、離党の決意は揺るがない。ただ、そのあまりにも激しい引き止め工作には、「もしかして、一緒に離党を約束している上田都議が切り崩されてしまうのでは……?」と不安がよぎることもあった。恐らく、上田都議も同様だったであろう。

たった2名による離党ですらこれほど大変なのだから、10名単位での離党がいかに困難で、結束力が問われるかということを身にしみて思い知った。生半可な絆では、海千山千の政治家たちに容易に籠絡《ろうらく》され、一人また一人と切り崩されてしまうだろう。

しかし、幸いなことに上田都議と私の信念と信頼が揺らぐことはまったくなかった。

とはいえ最後の最後まで、迷っていたことが1つだけあった。小池百合子知事に対して、直接思いの丈を話すかどうか。都議選が終わる前までは、何度もかかってきた小池知事からの直通電話。番号はわかっている。こちらからかけたことだって幾度もある。ただ、幹事長職を解かれてからは、一度もこの番号から私に連絡が来ることはなかった。私から小池知事に直接連絡することも、都民ファーストの会の内部統制によって事実上、禁じられていた。小池知事は今、この離党報道を見て、何を感じているのだろうか。

電話をかければ恐らく、出てくれるだろう。「至らなかった点はすべて改める。また一緒に、政治の大改革を進めましょう!」小池知事のその一言さえあれば、すべては元に戻るのではないか。そんなことも思った。しかし、仮にどんな言葉があったとしても、それが実現に至らないことは、もう私にはわかっていた。政治家の出処進退は自分ひとりで決めるもの、こちらから連絡する義理はない……。迷いを打ち消すかのように、私は手にしたスマートフォンを放り投げた。着信履歴は引き続き、離党を思いとどまらせようとする政界関係者や、マスコミからで溢れていた。だが、小池知事から直接の連絡がくることは、最後までなかった。期待する方がおかしいと言われれば、それまでであるが。

さらば、偽りの都民ファースト

都議会最終日の10月5日、ついに離党届を提出する日となった。午前中に行われた議員総会に出席するか最後まで迷ったが、最後のけじめとして出席することにした。

しかしながら、我々が入室した途端に総会は休憩に入り、役員室に呼び込もうとする役員たちとすったもんだの押し問答の末、総会は「欠席」扱いになり、本会議後に離党届を持って役員室を訪ねることで話はまとまった。

「議会最終日に、小池知事が辞任・出馬表明か」との報道もあったが、何事もなく都議会の定例会は幕を閉じた。世間の注目はすでに、都議会での議論より解散総選挙に向かっており、その選挙結果を左右する重要なファクターと見なされたこの日の記者会見には、なんと民放3局の生放送が入ることが決まったようだ。地方議員の離党記者会見が生中継されることなど前代未聞であり、緊張は否が応でも高まっていく。

都民ファーストの会役員室に離党届を提出した後、記者会見場に向かう。1月に都民ファーストの会東京都議団の結成を表明した同じ場所で、1年も経たずに離党を表明することに、忸怩たる想いを抱きながら。

記者会見の反響は凄まじく、生中継に加えて夜のニュースや週末のワイドショー等でも繰り返し報じられた。できる限りわかりやすく離党理由や背景を伝えようと、小池知事が記者会見で得意としていた「フリップ」を作成したことも功を奏したようだった。

ここまで本書を読んでいただいた皆さまには繰り返しになる部分も多いため内容は省略するが、最後の率直な想いを述べた部分だけは記しておきたい。

　いずれにいたしましても、創立メンバーとして当初から携わり、誰よりも愛したこの都民ファーストの会を離党すること、そして信頼する仲間たちと別れるということは、まさしく忸怩たる思いです。身を切られる思いであります。

中から変えようと努力をさせていただきました。しかし私の力が及ばず、残念ながら組織を変えることはできませんでした。

この上は私自身の離党という決断をもって、この想いが小池百合子知事に、そして都民ファーストの会の仲間たちに届くことを強く、強く願っております。

最後、涙がこみ上げていたのは決して演技ではない。小池知事と都民ファーストの会が変わって欲しいという想いにも嘘偽りはない。結果として今なおこの想いは届いていないかもしれないが、我々の告発は無意味ではなかっただろう。

ずっと世論調査を行っていた専門家の一人によると、この一連の離党報道によって、希望の党の獲得予想議席は35〜50議席ほど落ち込んだという。

実際に地元や支援者のもとを回っても、「よく決断した」「正直に内情を話してくれて、本当に良かった」という声が圧倒的多数を占め、小池都政や小池知事の手法そのものに疑問を感じている人が潜在的にも多かったことが浮き彫りになった。

果たして、小池百合子知事が率いる希望の党は、続く衆院選で野党第2党に甘んじる「惨敗」を喫した。しかし、それをもって私の行動のすべてが正当化されるわけではもちろんない。

ここまで積み重ねてきた小池都政による過ちは、特に市場移転問題の解決や、東京五輪の成功に大きな影を落としている。

こうした一連の政策決定の裏側で、いったい何が行われていたのか。そこから垣間見える小池百合子知事の「本質」とは何か。時を遡りながらそれを明らかにすることで、次章以降でも私の「贖罪」を果たしていきたい。

第二章

狙われた築地市場

築地に「失政」が凝縮されている

小池知事と小池都政を考える上で、築地市場移転問題は避けて通ることができない。というより、この問題についての対応に、小池知事やその周囲の者の人間性・政治手法のほとんどが凝縮されていると言ってもいいだろう。

そしてこの過程において、私は結果として大きな政治判断のミスを犯し、風評被害の拡大と事態の混迷を招いてしまったことは、悔やんでも悔やみきれない。

どういった行動が本当の正解だったのかは今もってわからないが、少なくとも小池知事の独走を許してきた事実を深く反省し、改めて陳謝したい。

いわゆる築地市場移転問題（豊洲市場問題とも言われる）における小池知事の失政は、結論から言えば主に以下の3点だ。

1つ目は、科学的に豊洲市場の安全性が証明された後も、選挙対策として結論を先延ばしにしたこと。これによって豊洲市場・豊洲地域の風評被害は拡大し、現在もなお払拭されていない。

2つ目は、都議選の直前に「築地は守る、豊洲を活かす」という「双方のいいとこ取り」とも言える基本方針を発表したこと。本来は民間への売却が前提とされていた築地市場跡地に、「市場機能を持たせた『食のテーマパーク』を作る」という突然の宣言は多くの関係者を混乱させ、その再開発の見通しは今もって示されていない。

そして3つ目は、この基本方針をブラックボックスの中で決定した不透明性である。

本章以降では市場移転問題の経緯を振り返りながら、これらの問題点を改めて分析していきたい。

市場移転の経緯を振り返る

まず、簡単に市場移転の主な経緯をまとめておきたい。水産物や青果物取引のメッカとも言える築地市場。昭和10年（1935年）に開設された施設の老朽化は著しく、安全面からも改築・移転が急務となっていた。

実際に私自身、築地市場には何度も行政視察に訪れたことがあるが、敷地内の建物はどれも映画に出てくるようなレトロな作り。様々なインフラは目に見えて傷み、このままの状態で営業を続けるのが困難なことは明白であった。

当初は移転に難色を示し、そのまま築地での再整備を模索していた東京都だが、物理的な側面や莫大な経費から現在地での改修対応は難航。何より、築地市場内で当事者である事業者同士の折り合いが付かなくなり、400億円を投じた段階で現在地の再整備は断念された。

そして当時の石原慎太郎知事によって、2001年に豊洲への移転計画が初めて策定されることになる。

だがここで、移転候補地となった豊洲に深刻な土壌汚染が存在することが判明し、議論は紛糾。当初より築地からの移転に反対だった共産党や一部の市場関係者らが強く築地での改修・存続を主張するも、基本的には土壌汚染の問題を解決した上で、豊洲に移転する方向で計画は進み続けた。

ところが2009年の都議選で、再び移転に黄信号がともる。時は民主党政権の誕生前夜。後に「政権交代」を成し遂げて与党となる民主党は破竹の勢いで、衆院選の直前に行われた都議選では「築地移転反対」を最大の公約に掲げた。

少なくない人々がその公約に期待して民主党候補を支持し、都議会民主党は54議席を獲得して第1党へと大躍進したのだ。

このとき、同じく築地移転に反対していた共産党、東京・生活者ネットワークがそれぞれ8議席・2議席を獲得し、築地移転に反対する勢力で議会の過半数を占めることに成功(64/127議席)。つまり、このとき彼らが本気であったら、築地の豊洲移転は白紙に戻すのも可能だったことになる。


ところが国政同様、都政でも民主党は迷走を始めた。「築地での現在地再整備は可能である」とぶちあげ、晴海に仮設市場をつくって運営しながら築地を改修する案を検討するも、その莫大なコストや物理的な困難さから計画立案は難航。都議会に設置された調査特別委員会にていわゆる「晴海仮設移転案」の提出まではなんとかこぎつけたものの、豊洲市場移転を進める石原知事(当時)と対峙して「知事予算案の否決」という事態を招くことに尻込みし、党内から造反者が出るなどの紆余曲折を経て、最終的には自らの主張を一転させる。結果として「土壌汚染などの問題を解決した上で、豊洲に移転する」という案で合意することになった。

豊洲への移転にストップをかけるのであれば、ここが最後のターニングポイントであった。政権与党である民主党が、あらゆる専門家を使って立案した現在地再整備案を、数で勝る最大会派として通せなかったことは、築地市場存続の困難さを証明するに充分すぎるほどである。

加えて現在は、再整備の間に市場を移転させて仮営業する場所であった晴海に土地はすでになく、豊洲市場の建物も完成している。

これまでの都議会で行われてきた本会議・委員会の議事録や資料をすべて読み込んで経緯と現状を把握すれば、「築地市場の（移転をせずに築地で市場を建て替える）現在地再整備」が事実上不可能であることは、誰でも容易に理解できることである。

端的な結論として言えるのは「豊洲への移転は避けられない」という厳然たる事実であり、私はこの結論を小池知事が移転延期を検討している最中である2016年8月16日にブログで早々と表明し、今に至るまで一貫してこの考えは変わっていない。

築地市場を政争の具にする小池知事

すでに新市場が完成し、移転日も決定、開場も目前に迫った既定路線に対して、知事就任直後に「待った」をかけた小池知事だが、そもそも彼女にとってこの市場移転はそれほど大事な重点政策だったのだろうか。

小池氏は、衆議院議員だった2008年に出した著書『東京WOMEN大作戦』(小学館)の中で、築地市場について少しばかり触れている。そこで「築地市場は移転せず、築地のままで残すべきだ」という旨が記されており、これをもって小池知事は築地市場に強い思い入れがあるとする意見も見られるが、私はその見方には極めて懐疑的だ。

実際、小池氏が出馬宣言をしてから知事選の前後まで、それなりに同氏とは政策談義を交わすこともあったが、少なくとも私の前で市場移転問題が話題にのぼることは一度もなかった。知事選の公約の中にも、市場移転問題について言及されている箇所はない。

では小池氏と築地市場のファーストコンタクトがいつかと言えば、都知事選挙も中盤となった2016年7月22日である。この日、築地市場近くを街頭演説場所に選んだ小池候補（当時）は、「いったん立ち止まって考えるべきだ」「急がば回れで、みんなが納得する結論を出したい」と訴え、築地市場の豊洲への移転に反対する人々の喝采を浴びた。

選挙期間中に演説で約束し、圧勝したことで築地市場の移転留保は「民意を得た」とされているし、公約に追加されたのだと捉えることは完全な間違いではないだろう。

しかし、この行動は目先の「選挙対策」であった側面は否定できない。

当時、選挙前の極めて劣勢という下馬評は覆《くつがえ》りつつあったとはいえ、結果はまだまだ流動的な状況だった。小池氏自身の保守色を活かして自公が推す増田寛也候補の票を切り崩すのは勿論のこと、野党統一陣営が擁立した鳥越俊太郎候補の票もなんとか奪い取ることができないかと、小池候補および陣営首脳部は考えていたはずだ。

そこで目をつけたのが市場移転問題である。

野党統一陣営が推す鳥越俊太郎候補は、過去2回の知事選で100万票近くを獲得していた宇都宮健児氏が立候補を取りやめて一本化された候補である。一本化の条件は、宇都宮候補の政策を公約に取り入れることで、宇都宮候補は築地市場の豊洲移転に徹底して反対を貫いてきた立場だ。

ところが、この築地市場移転に関して鳥越陣営の歯切れはなんとも悪かった。なぜなら、最終的に豊洲への市場移転を認めた民進党が、野党統一陣営の一角を担っていたからである。ここで築地市場の存続可否を蒸し返せば、天に唾する行為ともなる……。

宇都宮陣営にはそもそも「後から出てきた著名人に、無理やり引きずり下ろされた」という不満がくすぶっていたこともあり、この築地市場に対する中途半端なスタンスは、野党統一陣営の無視できない亀裂の1つになりつつあった。

そこに目をつけたのが、嗅覚の鋭い小池候補である。当初は「決着済み」と見られ、選挙の争点になっていなかった市場移転問題を持ち出し、狙い通りに移転反対派の票を獲得していったのみならず、野党統一陣営の不和を浮き彫りにして、大きく勢いを削ぐことに成功したのだ。

繰り返しになるが、仮に小池候補が築地市場や市場移転問題に強い思い入れがあったのであれば、当初から政策・公約の一部に入っていたはずである。市場移転問題へのコミットは、あくまで選挙戦略によって生み出されたものであった。私は小池陣営に身を置いていたが選対首脳部にいたわけではないので、推測による部分もあるとはいえ、これは小池知事の政治的資質をよく表した最初の行動だと思う。

こうした彼女の資質が、市場問題を混迷の渦に巻き込んでいくことになる。

市場移転の「延期」は正しかったのか

小池知事は就任後、築地市場や豊洲市場の視察を行いながら、中立的なコメントを繰り返していた。この段階では多くの都庁関係者も「移転の見直し」まで踏み込むと考えていなかったし、私自身も前述のように知事自身の想いが築地市場にあるわけではないことから、移転延期までは決断しないだろうと予想していた。

ところが予想は裏切られ、知事は徐々に移転に対して慎重なトーンを強めていき、ついに8月末の記者会見で築地市場移転の延期を発表した。

移転延期の理由として挙げられたのは「安全性への懸念」「費用の高騰」「情報公開の不徹底」の3つである。特に1点目の安全性については、2年間継続して行われている地下水モニタリングの最終結果が出ていないことが疑問視された。

しかしながら、法令上の安全性や手続きは確保されていることから、当然のようにこの決断には反対意見が噴出した。この時点で、私自身も複雑な想いを抱いたことは確かだ。

しかし、すぐにこの状況は激変することになる。土壌汚染対策として、豊洲市場の全面に施されたとされていた「盛り土」がないことが判明し、2016年9月10日には知事が緊急記者会見を開いて、この事実を発表した。

都庁が開いていない土曜日に記者会見が行われることは、極めて異例の措置である。この衝撃と反響は凄まじく、年末までこの「盛り土問題」によってメディアはジャックされ、「盛り土」は流行語大賞にノミネートされるまでになった。

豊洲市場の建物直下にはあるとされていたはずの「盛り土」が存在せず、そこには広大な地下空間が広がっていた。照明すら存在しない真っ暗な地下空間に、出処不明の地下水まで溜まっていたのだから、都民の不信が高まらないはずがない。安全性を懸念する声は日増しに高まっていった。

しかし結論から言えば、この「謎の地下空間」はメンテナンス用として必要である「地下ピット」であり、安全性には何ら問題がないどころか、利便性の観点から、盛り土よりも優れた存在であることが、市場問題プロジェクトチームの専門家たちの検証によって後に明らかになった。

こうした結果をもって「小池知事の市場移転の延期決断は完全な間違いであり、時間の無駄だった」とする向きもあるが、果たしてそうだろうか。

私は小池知事と袂《たもと》を分かった今でも、この移転延期決断までは概ね正しい判断だったと評価している。

仮に「盛り土問題」が発覚せず、安全性への懸念だけで突き進んでいれば、もっと大きな責任問題に発展していただろう。確かに地下水モニタリングは終了前であったが、これは法令上求められる措置ではなかったし、舛添要一知事の時代に「安全宣言」がなされており、最終的には小池知事が招聘《しょうへい》した専門家会議でも安全性が確認されたからだ。ここだけ見れば「結局は何の問題もなかったのに、先延ばしにして税金を無駄遣いしただけではないか！」との批判を免れることはできない。

しかし、この「盛り土」については、明らかに小池都政以前の都庁ガバナンスに問題がある。安全対策として、建物直下も含めて敷地全面に『盛り土』を施してあるというのが都の公式見解だったし、市場関係者や都民に対しても、その前提ですべての説明が行われていた。もっとも重みをもつ議会答弁でも同様だ。

そして中央卸売市場長を含むすべての管理職が、「盛り土」があるものだと認識していた。完全に「公式に説明していることと、実態がまるで違う」状態になっていたわけで、結果として安全だったから問題ない、で済ませることには無理がある。


ただでさえ移転に難色を示す事業者が多い中で、正確な事実説明と安全の証明という作業は民主主義的プロセスとして必要不可欠であり、一定の範囲で責任者の処分が行われたこともやむをえない措置と言えるだろう。実際、首尾一貫して豊洲市場への移転に肯定的な市場業者にすら「さすがに盛り土問題については、移転前に判明・解決してくれて良かった。移転後であればさらに混乱していただろう」と認める人がいるほどである。

「いや、開場後に盛り土問題が発覚したところで、混乱なんてなかっただろう」「それより延期によって生じた多額の損失の方が問題だ！」という意見も部分的に理解はできるが、実際に起こりうる混乱の度合いだけは誰にもわからない。安全性への不安をマスコミが煽《あお》り立て、最悪の場合、市場が営業停止にされることすらありえたかもしれない。そう感じるほど、「盛り土問題」に対するメディアと世論の反応は過剰だった。

なお、「小池知事は盛り土がないことを知っていたから、移転延期を決断したのではないか」という意見もあるが、私はそうは思わない。この「盛り土問題」は小池知事やその周辺にとっても、瓢簞《ひょうたん》から駒だったはずだ。

これはずっと市場移転に一貫して反対してきた共産党都議団とその関係者によって発見されたもので、9月上旬の月曜日にスクープとして発表される予定だった。それを打ち消すために、慌てて土曜日に異例となる記者会見を設置した対応から見ても、小池知事にとってこの「盛り土問題」の発覚は想定外だったと言えるだろう。

だが、この盛り土の有無が前述のように移転延期の正当性につながったのだから、小池知事のある種の「引きの強さ」を感じる出来事である。

しかし、移転延期が正当化できるのはここまで。地下水などの安全性については、小池知事は迷走を重ね、風評被害の拡大に手を貸していくことになる。

そしてそれについては、迷走を止めることができなかった私にも大きな責任の一端があり、誠に申し訳なく思う。

なぜ「高すぎる環境基準」が課せられたのか

盛り土の有無は非常にインパクトの大きなものであったが、あくまで土壌汚染対策の1つに過ぎない。そもそも、この盛り土がなんのために行われるものかといえば、「汚染されている(と言われる)地下水を封じ込めるため」である。

もともと東京ガス工場跡地である豊洲市場の用地において、一時期は地下水から環境基準値の4万3000倍の有害物質(ベンゼン)が局所的に検出された経緯があり、その地下水の浄化・封じ込めは、移転のための必須条件となっていた。

法令で定められた(土壌汚染対策法の)基準に則れば、汚染された土地を利用する場合には、一定の「封じ込め」措置を行えば充分とされているものの、移転に対して強い反対運動が行われた経緯から、石原都知事(当時)は地下水を環境基準値以下まで浄化することを都民・都議会に対して約束したのだ。

これは後に石原氏自身も百条委員会で「高すぎるハードルだった」と認めたように、使わずに捨てるだけの単なる地下水に課すには極めて高い基準である。

「環境基準」というと、環境にダメージを与えないための最低限の基準であるかのように誤解している方が今でもおられるが、これは端的に言えば「飲料水」のための基準である。

しかも70年間、1日2リットルその水を飲み続けることを前提とされた数値だ。

諸外国と比べても極めて厳しい基準であると言われており、しかも豊洲市場の地下水は、飲料はおろか清掃にすら使われる予定はない。

にもかかわらず、なぜ豊洲市場の地下水にこの基準を求めるかと言えば、反対派・慎重派を納得させて、移転を速やかに進めるための政治的妥協によるものである。

経緯はともあれ、移転決定にあたって当時の都知事が約束し、再三の議会答弁でも都側がそれを繰り返していたことは間違いない。

例えば、都の担当責任者が議会で地下水を「環境基準値以下に浄化する」ことを明確に約束した、以下のような議事録が残っている。

○臼田中央卸売市場新市場建設調整担当部長
お尋ねの件でございますが、都の土壌汚染対策は、調査結果をもとに環境基準を超える操業に由来する土壌の汚染物質をすべて除去し、地下水についても環境基準以下に浄化していくものでございます。

こうした土壌汚染対策後、地下水のモニタリングを二年間行っていくということでございます。この二年間の地下水モニタリングは、土壌汚染対策法に基づきまして、当該土地において地下水汚染が生じていない状況が二年間連続していることを確認するために行うものでございます。

都といたしましては、モニタリングにおいて地下水から汚染物質が検出されることがないように、技術会議で提言された技術、工法を確実に実施いたしまして、万全の対策を講じたいと考えてございます。

（平成22年10月3日　東京都中央卸売市場築地市場の移転・再整備に関する特別委員会速記録第十四号より）


そして万が一、地下水汚染や土壌汚染が残っていたとしても、それを封じ込めるために行われる二重の措置が「盛り土」である。

ところが、この二重の措置である盛り土が説明通りに存在しなかったため、「地下水を環境基準値以下にする」という安全対策はなおさら重視されることになった。

有害物質の「環境基準値超え」は想定内だった?

小池知事が延期理由の1つとした「安全性への懸念」の中には、この地下水の汚染状況を2年間にわたってチェックする「地下水モニタリング調査」が、移転予定日までに完了しない点が入っていた。

小池氏が都知事に就任した時点では、全9回が予定されていたうちの7回目までが完了しており、残り2回は豊洲市場への移転後に行われる予定であった。

必ずしも法令上必要な措置ではないこと、7回目までの調査結果では環境基準値を超える有害物質が検出されなかったこと、東京五輪の日程が迫っていたことなど複数の背景があり、舛添都知事の時代にモニタリング調査終了前の移転日程が決定されていたのである。

仮に「盛り土問題」が発生せず、また以降のモニタリング調査でも環境基準値を上回る結果が出なかったとすれば、小池知事は就任早々から政治決断の失敗を追及され、窮地に追い込まれていたはずだ。

だが果たして、２０１６年９月下旬に速報値が発表された第８回モニタリング調査結果では、これまで一度たりとも検出されなかった環境基準値を上回る有害物質が、２０１ヶ所中３ヶ所から検出された。

マスメディアや移転反対派・慎重派は大いに沸き、このニュースは大きく取り上げられることになった。この時点までは政治的な視点から見れば、小池知事の「完勝」だ。

推測に過ぎないが、私はこの第８回のモニタリング調査で有害物質を検出することには、小池知事は確信めいたものを持っていたのではないかと感じている。

私自身は当時、率直に言って第７回まで不検出であった有害物質が、大きな条件変化もないのに８回目以降から検出されるなど、ありえないと考えていた。そうした懸念を小池知事の側近に伝え、市場移転について意見を交わした際にも、知事側近は「地下水調査はきちんとやる必要があると思っている。大丈夫です、結果を待ちましょう」という極めて冷静沈着な態度だった。

また、第８回の調査結果が出る前に出演したテレビ討論番組の収録においても、番組MCから「７回まで不検出だったものが、８回目以降で検出されるとお考えですか？」と尋ねられた小池知事の右腕・若狭勝代議士（当時）が、「可能性はある」といった要旨で自信を持って答えていた場面が強く印象に残っている。その場にいた出演者の誰もが、その見方には懐疑的だったにもかかわらず、である。

そして後に行われた専門家会議の検証などにより、これまでの地下水調査では手順にバラつきがあるなどの瑕疵が判明した。こちらも「盛り土問題」に引き続き、都庁内部・中央卸売市場当局の中で発生した看過できないガバナンスの問題である。

小池知事は知事就任から1ヶ月の内部調査で、もしかしたらこうした可能性を素早く察知していたのかもしれない。

「移転白紙撤回」はありえなかった

こうして盛り土問題、地下水汚染の環境基準値超えで追い風を得た小池知事だが、この時点（2016年内）では築地市場の豊洲への移転を「白紙撤回」するつもりはほとんどなかっただろうと私は思っている。

前任者や今の自民党都連が牛耳る都議会が見過ごしてきたガバナンスの不備を徹底的に

洗い出し、問題解決にしっかりとつなげて功績とした後には、速やかに豊洲市場への移転を完了させる。決定する時期・タイミングの問題はあれ、これが小池知事の大枠の考えであったはずだ。

実際、私は環境基準値超えの速報が出た直後に「豊洲新市場の地下水から環境基準値を上回るベンゼン・ヒ素が検出されたので、事実関係を整理します」と題したブログを執筆し、地下水モニタリングで環境基準値以下になることは移転の法的必須要件ではないこと、環境基準値とは飲料水の基準であり、この値を超えても危険に直結するわけではないこと等の意見を素早く表明。以後に出演した各メディアでも「これをもってすぐに豊洲市場への移転がダメになるわけではない。安全性には問題のない可能性が高い」というスタンスを取り続けたが、小池知事およびその周辺からはなんら文句をつけられることはなかった。

それどころか、この時期のメディア露出については「どんどん目立った方が良い」と歓迎するムードすらあった。小池都政以前に起こった問題点は徹底的に指摘するが、築地市場については豊洲への移転が前提。それが私の主張だった。

さらには、地下水から環境基準値を超える汚染物質が検出されたことによって、過度に豊洲市場が危険視される流れを防ぐために、同時期には築地市場の独自調査も行った。築地市場で使われている「濾過《ろか》海水」を分析し、同じく「水」の観点で安全性を比較検証するためである。

現在、老朽化が著しい築地市場に比べれば、最新鋭の施設が整っている豊洲市場の方が圧倒的に安全性に優れている。そのわかりやすい例の1つが、濾過海水だ。

築地市場内では清掃水や、魚を保存しておく水槽の水などに、近くの河川から汲み上げた海水を濾過した水（通称：濾過海水）が使用されている。この濾過装置も当然、築地市場と同様に老朽化していくわけで、その性能や水質には市場関係者から、かねてより疑問が投げかけられていた。

実際に濾過装置は目に見えるほど傷んでおり、配水のトラブルなども発生している。装置をストップして修繕しようにも、水は常に必要とされるため、市場が営業を続ける限りは現実的に不可能とのことだった。

そして予想通り、私が行った水質調査では、濾過後の水からも環境基準値を超える有害物質（鉛）が検出された。都が定期的に行っている公式調査でも、発がん性の有害物質であるトリハロメタンが検出されたことがある。

市場内でまったく使われる用途のない豊洲市場の地下水に比べて、こちらは清掃や魚の保存に使われる水である。比較してみれば、どちらが危険かは一目瞭然だ。これらの結果をもって私は、

「(前略) しかしながらこの水 (築地市場の濾過海水) に対して、環境基準値以下を求める人は恐らくいないでしょうし、今回の結果をもっても築地の危険性を指摘すれば、『風評被害だ！』と怒りを感じる方は数多くいることでしょう。

豊洲新市場にだけ過剰な安心安全を求めるのはダブルスタンダードと言わざるを得ませんし、仮にその基準をすべての生鮮食品市場に適用するとすれば、東京中に (いや世界中に) 営業できる市場は存在しなくなります」

という見解をブログで発表し、いくつかのメディアでも報じられた。

さらに極めつきとして、2016年11月に行われた都議会決算特別委員会という公的な場において、築地市場の課題・問題点を徹底的に指摘。市場内には未だに健康被害を引き起こすアスベストが残置されていること、狭隘《きょうあい》な敷地内で年間約400件もの交通事故が発生していること、そして前述の環境基準値超えの濾過海水が使用されていることなどを

例に挙げながら、専門家会議の結論を待たねばならないとはいえ、豊洲市場の方が遥かに安全性が高いという主張を展開した。

加えて、仮に移転を取りやめて築地市場を存続させた場合、豊洲市場の建設費用を築地跡地の売却益で賄うことができず、莫大な都民負担が発生する可能性についても数値を用いながら指摘した。

そして世の中にはゼロリスクはないとした上で、「情報ガバナンスの問題と、安全面の問題はきちんと切り分けて考えていく必要がある」と結論づけた。

こうした私の移転問題に対する姿勢についても、やはり小池知事やその周辺からはなんら咎《とが》められることはなかった。むしろこれまでの都政におけるガバナンスの問題を指摘しながら、現実的には「豊洲への移転」という結論に落とし込みたい小池知事にとって、私の行動はこの時点までほぼ理にかなっていたはずだ。

小池知事のブレーンの中にはことさらに豊洲市場を否定し、築地存続を強く主張する人物もいたが、そうした主張に知事自身や世論が引きずられすぎないために、私の存在はそれなりに効果的な牽制を果たしていたと言えるだろう。

しかし、年が明けて都議選を迎える２０１７年の年初から、状況は急激に変わり始める。
それも、悪い方向に。

蘇る「築地再整備」の亡霊

安全性については土壌汚染・地下水対策の他にも、建物の耐震性や強度に対する疑問もあった。「盛り土」がなかったことで、設計部分に対する信頼はすべて崩れ去っていると主張する者もいた。

こうした点は専門家会議とは別に設けられた有識者ワーキンググループ「市場問題プロジェクトチーム」で検証されており、２０１６年内に概ね決着がついた。

まず「謎の地下空間」とされていた建物下の空間については、東京国際フォーラムなども手掛けた日本を代表する建築士である佐藤尚巳委員によって、建物のメンテナンスに必要な地下ピットであることが論証された。

むしろコストや安全面を考えても盛り土より優れた工法であり、佐藤委員はこれを「作ったのは叡智《えいち》」と技術担当者を賞賛している。

また、「積載荷重の想定が充分ではなく、市場内で運搬に使われる乗り物であるターレ（ターレットトラック）の重みで床が抜ける可能性がある」という言説も、一部の思想が偏った専門家やメディアによって広く流布されていたが、10月下旬のプロジェクトチーム会議に設計会社である日建設計が出席。守秘義務を解かれた設計会社はこうした風説に徹底的な反論を加え、すべて見事に論破した。

さらに耐震性については、ネットやテレビメディアなどで盛んに危険性を主張していた建築士が参考人として招致され、独自に作成した模型を使ってその危険性を説明したものの、これに対して日本建築構造技術者協会会長である森高英夫委員が、

「スケールがまったく違うので、一般の方に誤解を招く懸念がある」

と苦言を呈し、さらに前述の佐藤尚巳委員に至っては、

「あなたはパフォーマンスとして事実と違う表現を用いて、都民の方に誤解を与える解説をした。それは専門家としてやるべきことなのかと非常に疑問を感じます」

と極めて強い懸念を表明した。

「豊洲市場の建物は、耐震性が脆弱で危険」と主張していた専門家は、実態とかけ離れた「過剰に揺れる」図や模型によって著しく不正確な主張をしていたことを、二人の各界の

権威によって同時に指摘され、まともに反論することはできなかった。
結局この分野でも、最後は設計会社の「安全性に問題はない」という主張を構造界の権威である森高委員が肯定し、決着がついた。本件については同年12月末、東京都が建築主事による安全性を証明する「検査済証」を正式に交付している。

こうして公開の場で行われた安全性についての議論は、豊洲市場における「過剰な安全論争」のすべてを象徴していたように見えたこともあって、都民の間で豊洲市場に対するスキャンダラスな感情は確実に収束に向かった。

むしろ徐々に、「そろそろこの問題に決着を」「豊洲市場への移転決断を」という雰囲気が高まりつつあったと言えるだろう。

小池知事は専門家会議や市場問題プロジェクトチームの議論の行方を見守ってから「総合的に判断する」というロードマップを発表しており、その判断は概ね2017年夏を指していたが、結論が早まる可能性も充分にあった。

私自身この移転問題については、そろそろ「潮時」だと感じていたし、世論に敏感な小池知事は前倒しの移転判断もありえると楽観視していた。

加えて、年末に都議会公明党が都議会自民党と袂を分かち、小池知事との事実上の連携を表明したことも私の見通しを明るくしていた。都議会公明党は豊洲市場への移転を一貫して進めてきた立場であり、いくらガバナンスの不備が発覚したところで、ここまで自分たちが進めてきたことを全否定することはありえない。

豊洲市場への移転は事実上決まったものだと、この問題に詳しい人であれば誰もが感じていたところだろう。

この状況をすべてひっくり返したのが、2017年に入って発表された第9回地下水モニタリング調査の結果である。環境基準値をわずかに上回る物質が検出された第8回から、そこまでの変化はないだろうと考えていた大方の予想を大きく裏切り、最大で環境基準値の79倍というケタ違いの調査結果が発表された。

もちろん飲料用にしない地下水にとどまる限り、安全性になんら問題がないことに変わりはないのだが、それでもこの数字のインパクトはあまりにも大きかった。

さらに、この数値の跳ね上がり方の原因が不明であったことから、予想通りメディア報道は再び一斉に安全性への疑問や土壌汚染対策の不徹底を煽る方向に傾き、世論も豊洲市場に対してネガティブな方向に流されていった。

小池知事が「築地再整備」を本格的に選択肢に入れたのは、おそらくこのときからだ。

ここで世論の風を受けて豊洲市場への移転を白紙撤回にまで持ち込むことができれば、この計画を進めてきた石原元知事や都議会自民党の政治生命に、完膚《かんぷ》なきまでにとどめを刺すことができる……そう考えたのかもしれない。

私はベンゼン79倍報道が出た後も従来と変わらず、科学的な検証の重要性を説きながら冷静な対応を求める論考をブログに書き、メディア取材についても同様の対応を行った。

しかし、小池知事およびその周辺の反応は明確に変化していった。

都民ファーストの支離滅裂な対応

ベンゼン79倍報道と、それによる世論の風向きの変化を受けた後、私の各種メディア発信について、露骨に指示が入るようになった。

政治塾運営の会議や都議選に向けた写真撮影などの機会に、小池知事と会話をすることがあったが、「あまり断定的な表現で書かないようにね」と釘を刺されることも増えた。具体的なところまでは踏み込まれなかったが、これが市場移転問題のことを指していたのは時期的にも明らかだった。

特にわかりやすかったのは、市場問題プロジェクトチームへの対応についてである。

1月下旬に行われた市場問題プロジェクトチーム会議では、豊洲市場はこのまま開場すると、年間100億円もの赤字になる可能性があるという衝撃的なデータが示された。開放型の築地市場と比べて、温度管理を徹底する豊洲市場では設備の維持費などが5倍以上に膨らむことから、赤字が大幅に増えるのだという。それは事実である反面、これは不正確な数字の切り取りで、すでに作られている建物の減価償却費を除けば27億円程度となる。赤字は赤字だが、必ずしも利益を求めない公営企業の性格を考えれば、許容に値する数字にまで下がる。

にもかかわらずプロジェクトチーム座長の小島敏郎氏は、ことさらにこの100億円という数字を強調しているように見えた。

私はまた移転に慎重な小池知事ブレーンの踏み込みすぎだと思い、すぐに「『豊洲に市場移転なら赤字100億円』はまやかし、移転なしでも赤字は激増。市場を取り巻く『目の前の現実』を考えてみる」なるタイトルでブログを執筆し、火消しに努めた。

しかしこのブログの内容は、小池知事側近からすぐさま「あのブログが問題になっている。内容がちょっと……」と諫められることになった。聞くところによると、このブログを読んだ小池知事は「こんなことを書いたら、台無しじゃない！」と声を荒らげたという。

後日、小池知事と会った際にも、やはり「ブログの内容にはくれぐれも気をつけて」と再び釘を刺されることになった。


このとき、私は小池知事の中で「移転中止、築地市場再整備」という選択肢が急速に現実化していることを悟り、大きな不安に襲われた。これまで述べてきた通り、築地再整備は事実上不可能だ。すでに完成している豊洲市場や、築地跡地に開通する環状2号線をどうするかという大きな問題もある。豊洲市場に併設される賑わい施設の竣工も決まっており、移転中止となれば江東区や地域住民へのダメージも計り知れない。

ここで政治判断を誤れば、緒についたばかりの改革どころか、小池都政そのものが終わる可能性すらある。

私は早急に豊洲への移転を決断すべきとの考えを改めて知事たちに伝えたものの、「まだその判断をする時期ではない」と、明確な答えが返ってこない日々が続いた。

豊洲への移転撤回という小池知事の思惑とは裏腹に、土壌汚染を検証する専門家会議は「豊洲市場の地上部分は安全」という結論に近づきつつあった。それを否定し、結論を先延ばしにするために、小池知事および都民ファーストの会は「安全だが安心ではない」というロジックを採用することになった。決して正しいとは思わなかったし、組織の中では異論を唱えたが、都民ファーストの会の内部は圧倒的に「都議選までは移転問題に結論を出すべきではない」「築地再整備だってありえる」という意見が多数を占めており、多勢に無勢という状況だった。

この点は後述するが、このときから幾度か組織を飛び出す選択肢・タイミングはあっただろう。しかし逡巡しながらも、私は組織の中に残って豊洲市場への速やかな移転を訴えかけていく道を選んだ。

小池知事や移転慎重派のブレーンたちは「総合的な判断」を先延ばしにするため、あるいは築地再整備を現実化するため、土壌汚染や建物の耐震性などの安全性に加えて、運営赤字の発生による財政の持続可能性への疑念などを持ち出して戦線を拡大していった。

しかし理屈に無理があるのは明らかで、記者会見や議場でも「安全性を言うのであれば、築地市場の方が危険なのではないか」と問われた際に、「築地市場はコンクリートやアスファルトで覆われており、土壌汚染対策法などの法令上の問題もない」と回答するなど、支離滅裂な発言が目立つようになる。

豊洲市場も当然、破損や老朽具合が目立つ築地市場以上に分厚いコンクリートで覆われており、法令上の問題もないことは明白だ。「長い歴史を持ち安心が担保されている築地市場と、豊洲市場の問題とを同じ観点で見るべきではない」とも述べているが、いかにも苦しい。

運営赤字による財政の持続可能性という点についても、具体的な展望は示されていなかった。豊洲市場の建設にはすでに約6000億円が投じられており、使わないとすれば、この建物や土地はどうするのか。この建設費に充てるはずだった築地市場跡地の売却益が入ってこなければ、目先の支払いはどうするのか。運営赤字以前の問題で、すぐさま財政破綻してしまうことは明らかだ。

こうした欺瞞《ぎまん》には都民も徐々に気づき始めるであろうし、都議選まで結論を先送りにすることや、まして築地再整備を決断することも不可能だろうと思えた。

しかし、小池知事にはもう一枚、切り札が残されていた。それこそが、石原元知事への責任追及である。

石原元知事が狙われたワケ

かつては保守政治家同士で、気脈を通じていたとも言われる小池百合子・石原慎太郎の両氏であるが、都知事選を通じて、その確執は抜き差しならないものになっていた。

都知事選中、小池候補の対抗馬であった増田寛也候補の選挙応援に駆けつけた石原慎太郎氏が、「厚化粧の大年増」という不適切な表現で小池候補を批判し、大きな舌禍事件となったことはまだ記憶に新しい。

小池百合子氏を自民党から追い出す形になった自民党都連の会長を長男の石原伸晃氏が務めていたこともあり、もはや小池氏にとって石原一族は不倶戴天の政敵であった。

盛り土問題などの不透明なガバナンスや、あるいは土壌汚染対策費や建設費用の高騰などの市場移転を巡る失政を糾弾することは、そのまま前任者の石原慎太郎氏への攻撃にもなる。

盛り土問題の追及が行われていた2016年秋には、小池知事は石原元知事に原因究明のために調査協力を申し込み、結果として文書による回答を石原氏から受け取っている。

その質問項目は、「なぜ築地市場の再整備を断念したのか」「移転先を東京ガスの跡地である豊洲にしたのはなぜか」「土地の売買過程でどのようなやり取りがあったのか」「土壌汚染対策費を東京都側が負担したのはなぜか」（要旨）など、盛り土問題に限らず多岐に及んだ。

ただこの時点ではまだ、石原元知事に対してどこまで踏み込むか、小池知事自身も決めかねていたはずだ。この問題を追及しすぎれば、市場移転は暗礁に乗り上げる恐れがある。その政治的リスクについては、小池知事も理解していたように思われる。

しかし、やはりベンゼン79倍報道の前後を境に、小池知事は一気にアクセルを踏み込む。2017年1月20日の記者会見で、市場移転の妥当性を巡って起こされている住民訴訟において、石原元知事の責任を再検証することを発表したのだ。

東京都は2012年に起こされた「都は石原慎太郎元知事に対して、豊洲市場の土地買取りで被った損失を請求するべし」という内容の住民訴訟に対して、「石原慎太郎氏には責任はない」とする立場を堅持してきた。その立場について再度の検証を行うというのである。

係争になっているのは、石原知事時代に東京都が東京ガスから豊洲市場の建設地となる土地を購入した際の「価格の妥当性」だ。

具体的には、東京ガス跡地には深刻な土壌汚染があったにもかかわらず、東京都は「汚染されていない土地の値段」で購入した（不当に高い価格で購入した）と指摘されている。この差額分は都税の損失であり、石原氏はその損失を都民・東京都に返金する義務があるという主張になっている。

確かに都は豊洲市場の用地を東京ガスから購入した後、地下水を環境基準値以下にするために莫大な土壌汚染対策費を払っている。

購入した土地に土壌汚染などの深刻な欠陥が発生した場合、売り手側にその損失を補塡する責任があることが多い。これを「瑕疵担保責任」と言う。

しかしながら、地下水を飲料水並みの環境基準値以下まで浄化する安全対策は、東京都が移転反対派を納得させるために独自に行った、法令を上回る自主的な対応であり、その部分まで土地のもともとの所有者に負担を求められるかは微妙な問題だ。加えてガス工場跡地として、一定の土壌汚染は織り込み済みであった点も要素として大きい。

よって都は、こうした一連の用地取得や土壌汚染対策において手続き上の瑕疵はなく、当時の知事にも責任はないという立場を取ってきた。

これを現知事が見直す可能性に言及したのだから、大変な事態だ。

住民側は東京都から石原元知事に578億円を請求せよと主張しており、とうてい現実的に支払える金額ではないものの、石原元知事の責任が認定されれば天地がひっくり返るほどの騒ぎになるだろう。当然、市場移転の計画は吹き飛び、白紙に戻る展開すらも予想される。

小池知事はこれらをすべて承知の上で石原氏との「開戦」に踏み切り、メディア報道の過熱で都民のボルテージも一気に高まった。

市場移転の経緯をすべて詳《つまび》らかにすべきであるという声は日増しに高まり、都議会はついに12年ぶりとなる百条委員会に突入していくことになる。

第三章

百条委員会に意味はあったのか

百条委員会の功罪

百条委員会。地方自治法第百条に規定された、罰則などの強制力を伴う強力な調査権をもって審議にあたることから、本調査権を用いる特別委員会はこのように呼称されている。

この調査権を行使すれば、外部の関係人に出頭、証言及び記録の提出を求めることができる。通常の委員会でも外部の人間を招聘することは可能であるが、それはあくまで協力を要請する「参考人招致」であって、参考人は拒否することができる。

しかしながら、百条委員会では正当な理由なく出頭を断ることはできないし、事実と異なる証言を意図的に行えば「偽証罪」に問われる可能性もあるという、非常に重い権能を持つ委員会であり、地方議会最大の武器だ。

しかしその強大な調査権限は、ややもすると行使する側にその重大な責任が降り掛かってくる恐れがあり、軽々には開かれないことから「伝家の宝刀」とも呼ばれている。

今回、2017年2月に設置された特別委員会の正式名称は「豊洲市場移転問題に関する調査特別委員会」である。その設置要項では、調査事項は下記の5点とされた。

①築地市場から豊洲市場への移転に関する経緯及び両市場の適正性
②東京ガス株式会社などとの交渉及び土地売買に関する経緯
③豊洲市場の土壌汚染対策及び豊洲市場の主な建物下に盛り土が行われなかった経緯
④豊洲市場建設工事における契約事務
⑤その他調査に必要な事項

移転を決定した当時の責任者である石原慎太郎元知事を証人として尋問した百条委員会は、間違いなく2017年前半最大の政治的山場だっただろう。

小池都政に批判的な立場の人々からは「まったく無意味なパフォーマンス」「石原氏に対する極めて無礼な行為」と糾弾されており、確かに政治的なパフォーマンスであった面は否定できない。

この百条委員会で中心的な役割を果たした私に対して、非常に厳しい見方があることも承知している。しかしながら、メディアは大きく報じなかったものの、この百条委員会によって明らかにされた「新事実」が複数存在したことも確かだ。

ただ、新事実にどれほどの価値があるのか、それらの新事実を明らかにするために、石原氏を含む多数の民間人を証人尋問の場に呼び出したことは妥当なのか、疑義が持たれるであろうことも理解している。どんな出来事にも功罪があるように、この百条委員会にもまた光と影が存在する。

ここからは百条委員会の当事者として最前線にいた私の立場から、その内実を振り返って総括し、都民・有権者の皆さまの審判を仰ぎたい。

小池知事が仕掛け、世論が設置を促した百条委員会

この百条委員会、当初は移転問題においての設置・開催は難しいと思われていた。前述のような強大な権限を持つがゆえ設置へのハードルは高く、①議員の3分の2以上が出席、②出席議員の4分の3以上が賛成、という条件をクリアする必要があり、当時の都議会は自民党だけで議席のほぼ半数を占めていた。

仮に自民党以外のすべての政党が百条委員会の設置に賛成したとしても、否決される公算となる。加えて初期の段階では、都議会自民党以外の会派も開催に賛成しているわけで

はなかった。

2016年10月に行われた第3回定例会の時点では、共産党から百条委員会設置を求める動議が出されたが、後に知事与党になる都議会公明党や、何より我々都民ファーストの会（当時はかがやけTokyo）もそれに反対している。

ここまで縷々《るる》述べてきたように、まだ小池知事には市場移転問題を完全にひっくり返してまで、石原元知事との全面対決に踏み切る意図はなかったのだ。このときの都議会での対応も、そのことを裏付ける証左の1つだ。

結果として2016年秋の時点では、百条調査権は持たない特別委員会が設置され、そちらで移転問題に関する議論が進められていた。


しかし年明けの地下水調査結果と世論の反応で、小池知事は完全に方針を変えてきた。前章で触れた訴訟方針の転換などにより、明確にメディア報道や世論の矛先が石原元知事に向かうように仕掛けたと言ってよいだろう。

そして小池知事の狙い通り、石原元知事が約束した「地下水を環境基準値以下にする」という土壌汚染対策が、結果としては失敗に終わったことを端緒に、「そもそもなぜ、東京ガスの工場跡地を買い取ってまで豊洲移転を進めたのか」「汚染された土地を買った金額も、不適切なものだったのではないか」などの疑念が噴出し、都民からは真相の究明を求める声が相次いだ。

百条調査権を持たない現行の特別委員会では、石原氏が参考人招致に応じるかはわからない。適当な嘘やごまかしで言い逃れをされる可能性もある。真実を明らかにするには、百条委員会を行う他はない……メディアが大きく取り上げ、世論が沸きたつ流れになれば、もう止める術《すべ》はない。政治を、議会を動かすのは世論の声だ。ここまで大きくなった世論の声に、民意で選出されている政治家・議員が抗うことは率直に言って難しい。これは民主主義の悪い面でもあり、良い面でもある。

私が所属する都民ファーストの会は勿論のこと、知事与党となった公明党も百条委員会の設置・開催を求める方針に転換した。

私は組織内で百条委員会の設置に舵を切る方針決定がされる際、石原元知事の責任を問うことは、これまで明らかになっている事実関係から考えれば、極めて難しいだろうという意見を述べた。

ただ、ゼネコンが1社入札で落札していた豊洲市場の建設費の高騰疑惑については、都庁から議会に出される資料では究明不可能な点が依然として存在し、「都議会のドン」と呼ばれる都議が監査役を務める企業が施工に加わっていた点からも、百条調査権を行使する意味はあるとも述べた。

ただそれでも、徹底調査をして何も出てこない可能性はある。そのときは、強力な調査権力を振るった小池知事や都民ファーストの会が負う政治的ダメージは看過できないものになるだろう。

だが、こうした消極的な意見は、このとき都民ファーストの会の代表に就任していた、小池知事の分身でもある野田氏によって一蹴された。彼は当然ながら石原元知事の追及に極めて意欲的であり、自信も覗かせていた。何か石原氏の瑕疵を追及できる決定的な情報でも持っているのかと勘ぐったが、結果から見れば大した根拠はなかったのだろう。

移転延期発表直後に明らかになった盛り土問題などで発揮された、小池知事の驚異的な「引きの強さ」のようなものを過信していたのかもしれない。

それでも、都議会最大与党の都議会自民党が百条委員会に反対を貫けば、設置されることは見送られたし、世論の盛り上がりという要素だけであれば、あるいは都議会自民党は抵抗を続けられたかもしれない。

しかし、一枚岩かと思われていた都議会自民党内も大きく揺れていた。2016年末に3名の都議が会派離脱をしたことに加えて、執行部に批判的な十数名のメンバーが「百条委員会を設置して、真相を徹底究明すべきだ」という声明を発表したのだ。これは多分に選挙事情に因るところが大きい。

堅調な小池知事の支持率に比して、「悪役」とされた都議会自民党への逆風は日増しに強まっていた。

石原元知事や以前の都政・都議会に対する不信や疑惑が渦巻く中、その究明調査にまで反対すれば、ますます民意が離れ、選挙が戦えないと判断したのだろう。

加えてこの反執行部のメンバーの中には、「離党予備軍」と見なされている都議も入っていた。ここで百条委員会への反対を貫き、さらなる離党者を出せば、都議会自民党は「持たない」と判断したことは想像に難くない。

こうした内部からの突き上げを受けて、ついに都議会自民党も百条委員会の設置賛成に回り、2017年2月の都議会において総員起立（全会一致）で百条委員会の設置が決定された。

なお、都民ファーストの会に所属する都議の間では、百条委員会の設置はやむなしという意見が大勢を占めていたものの、積極的にその委員を引き受けたがる都議はいなかった。都議会では2005年にも百条委員会が行われていたが、その際には膨大な資料の読み込みや調査のために、各会派の委員たちは連日徹夜。数十時間とも数百時間とも言われる時間を費やしたことは、伝説として語り継がれていた。

すでに目先の都議会選挙まで半年を切り、地元回りに時間を費やしたい議員たちにとって、政治的リスクの大きい百条委員会の委員を引き受けるメリットは少なかっただろう。

結局、これまでも市場移転問題にもっともコミットしてきた私が、都民ファーストの会に充てられた委員を拝命することになった。

市場の移転地が豊洲に決められた経緯には確かに不透明な点が多々残っており、この背景を詳らかにして都民が納得すれば、移転問題の決着に近づく可能性もある。やるからには移転問題の決着や豊洲市場に傷をつけず、都民にとってプラスになる結果を出そう。私はそう心に決めた。それは想像よりも遥かに、厳しい茨の道であったのだが……。

膨大な資料から露わになる都の隠蔽体質

百条委員会では百条調査権をもって、関係機関に強制性をもって記録（資料）の提出を求めることができる。正当な理由なく記録の提出を断ることは、罰則の対象ともなりえる。さらに個人情報や経営の根幹に関わるような事項以外は、黒塗りによるマスキングが許されず、原則すべてが開示される（委員に対してのみ）。

本百条委員会では各委員から出された記録提出請求は合計425件にのぼり、実際に提出された紙の資料は段ボール174箱に到達した。

東京都や土地売買の交渉相手である東京ガスから提出された資料は、都議会議会局によって各会派に1部ずつコピーされ、まとまった箇所から段ボールがどんどん都議会の執務室に運び込まれてきた。もちろん書類は厳重管理、持ち出し厳禁となることから、百条委員会が終了するまで都議会の中で幾多の夜を過ごすことになった。

膨大な資料を読み進めるうちにまず率直に驚いたのは、東京ガス側から提出された資料の充実度である。築地市場の移転先となる豊洲にガス工場跡地を所有していた東京ガスは、当初は独自の再開発を進める予定で計画を進めており、市場用地として売却を迫る都に対して極めて消極的な姿勢を取っていた。

そのハードな交渉をまとめたのが石原元知事の片腕であり、当時副知事を務めていた浜《はま》渦武生《うずたけお》氏だ。浜渦氏が交渉責任者となり、「水面下でやりましょう」の一言とともに本格的な折衝を始めた時期から、都側の公的な交渉記録は激減していた。

しかし、東京ガス側は比較的細かな交渉経過を記録しており、手書きのメモまで含めて多数の資料を提出していた。10年以上前の交渉記録・資料が、ここまで詳細に残されているのか！　と非常に驚いた。

1年前の交渉記録をすべて破棄したと主張しているわが国政府機関とは大きな違いである。証人尋問まで含めて、終始協力的だった東京ガス側の姿勢には感謝の念に堪えない。

必ずしもすべて時系列で綺麗にまとまっているわけではないので、その膨大な資料を整理するにはかなりの時間を要したが、丁寧につなぎ合わせていくと、都側の資料だけではわからなかった事実が、次々と明るみになっていった。

その中で、ここでは極めて重大な事実を2つ挙げておきたい。それが都側が隠蔽した二者間合意とも呼ばれる「密約」の存在と、「土壌Xｄａｙ」という名称でメディアにも取り上げられた「政治的圧力」である。

東京都がひた隠しにした「密約」の実態

調査の焦点の1つは、これまで頑なに土地売却を拒んできた東京ガス側が、なぜ浜渦元副知事による「水面下交渉」により、態度を翻したのかという点だ。

これについて証人尋問に応じた浜渦元副知事や元市場長などの関係者は、「誠心誠意の訴えで公益性を理解いただいた」などの答弁を繰り返している。もちろん、誠意を伝え続けたことも事実ではあるのだろう。

だが結論から言えば、膨大な資料からは水面下で行われた「密約と圧力」という「アメとムチ」によって、交渉が進められていく実態が浮き彫りになった。

ここではまず、前者の密約＝アメについて詳述していきたい。東京ガス側が提出した資料によって、東京都側がある「確認書」を隠蔽していたことが判明した。

これは東京ガス側から「二者間合意」と呼ばれており、東京ガス側の交渉記録の中に

「二者間合意の通りにして欲しい」「それでは二者間合意の約束と違う」などキーワードとして幾度となく登場しており、交渉における重要性がうかがえる約束事項だ。

この「確認書」には、これまで東京ガスが負担するとされていた防潮護岸の整備費用を都が負担することや、ガス工場の跡地に対して進められていた土壌汚染対策を「現処理計画」で進める旨が記載されていた。

「現処理計画」で進めるとは、都が当時策定していた汚染拡散防止計画の範囲内で対策を行えば良いという内容で、裏を返せば「それ以上の汚染対策は必要ない」とも解釈できる。

簡単にまとめると、「都側が東京ガスに対して追加の負担金を出す」「土壌汚染対策は一定の範囲まででかまわない」と、大幅な譲歩を約束している内容なのである。そしてこの確認書には、都の担当部長と東京ガス担当室長の名前がそれぞれ直筆でサインされている。

なおこの約束が、後に局所的に深刻な土壌汚染が判明して追加対策工事が必要になった際、都側が東京ガスに追加費用を求めることができなかった要因になったと考えられている。

当事者同士の交渉であるから、双方が納得しているのであればどんな内容で契約を交わすことも自由である。ただし、民間企業ではない東京都は、税金をあずかる身として都民に対して誠実に情報公開・説明責任を果たす義務がある。

にもかかわらず、この「確認書」の存在はこれまで一切明らかにされておらず、百条調査権で要求した資料にすらも入っていなかった。

そして膨大な東京ガス側の資料から、抜群の調査力を発揮していた都議会公明党を始めとする各会派が発見し、委員会で追及し報道機関が騒いだところでようやく東京都側から再提出されるという信じがたいプロセスを経て、この確認書の存在が認められたのである。

加えて、この確認書内容の雛形となった「覚書」なる文書も存在したが、やはり同様に東京ガス側のみから提出され、都側から提出されることはなかった。

さらにはこれらの文書による約束については、東京ガス側のメモに残された内容から、都側の担当者が「開示請求の対象とならないよう、私印による交換を考えている」なる生生しい発言をしていることまで判明している。もはや、隠蔽の意図があったことは明らかだ。「密約」との誹《そし》りを免れることはできないだろう。

なぜここまで、都側はこの「密約」を隠蔽したがったのだろうか。市場移転のためとはいえ、交渉相手に大幅な譲歩をしたことが露呈すれば、批判が大きいと考えたのだろう。ただでさえ市場移転に反対する声もある中で、できるだけ都側のコストが増大するような事実は伏せておきたい。万が一でも東京ガス側に有利＝都民の税負担が増すような交渉をしていることが表に出れば、移転反対派にまた大きな力を与えてしまうことになる……。都の担当者たちがこうした懸念を持っていたことは間違いない。

しかし、この「臭いものには蓋」とも言うべき判断は、大きな禍根を残した。後にさらなる土壌汚染対策工事が必要となった際、この確認書の存在（二者間合意）が大きな根拠となって、東京ガス側には費用負担を迫ることができなかった可能性が高い。

書面できちんと約束しているのだから、東京ガス側には瑕疵はなく、むしろ一部であれ追加対策工事の費用を負担したことは善意の表れだ。

目先の交渉をまとめたいあまり、都民にこうした事実を敢えて公開しなかった不誠実な態度が、後に東京都自らの首を絞めることになったのだと言える。

なおこれらの密約を、交渉の事実上の責任者であった浜渦元副知事や、最終的な決定権者である石原元知事は一切知らなかったと証言している。

さらに浜渦元副知事に至っては、自身が退任後の2011年、都が東京ガス側に負担を求めずに、さらなる土壌汚染対策費を捻出して売買契約を結んだことに対して「まったくもってわからないのがそこです。私がいたらこんなことにはならなかった」「東京ガスがきれいにしてから売買するということを決めていたのに、なぜそこをやらせずに都が汚染対策費まで出したのか。ベンゼンが4万倍も出た時点で、きれいになるまで売買をストップするのが当たり前」と各種のメディア取材でも述べている。

本当に浜渦副知事がこの「確認書」に記されている譲歩内容を知らなかったのか、極めて疑問ではあるが、盛り土問題などでも露呈した都庁内の情報ガバナンスの不備からすれば、現場の担当者が抱え込み、報告していなかった可能性もないとは言えない。

とはいえ、最終的な意思決定権者としてこうした「密約」を見過ごし、後々の費用負担の原因を作り出した責任は否定できないのではないだろうか。

政治的な圧力を匂わせる「土壌Xday」

交渉事は、時にアメとムチを巧みに使い分けて進められるものだ。前述の密約による大幅譲歩が「アメ」だとすれば、政治的圧力を匂わせる「ムチ」の存在もあった。それがいわゆる「土壌Xday」交渉である。これは東京ガス側が提出した「東京都政策報道室赤星理事との折衝内容」なる資料に書かれた記録から判明した。

赤星理事とは、交渉責任者である浜渦元副知事が指示を出していた直属の部下、赤星経《つね》昭《あき》氏である。

この交渉記録の中で、都側の担当者である赤星理事は浜渦副知事からの指示として「土壌Xday」という単語を用い、

「この日（土壌Xday）を迎えれば土壌問題が噴出し、東京ガスが所有する土地の価格が下落する」

「『結論』さえ出せば石原知事が安全宣言で救済するから、早急に結論を出すように」（要旨）

などの内容を伝えている様子が記録されていた。さらにこの資料には2000年12月14日に浜渦副知事から東京ガス側の交渉責任者の一人であったE氏（故人）へあてたコメントとして、

「先週は中曽根元首相が都庁にやってきた」
「今石原・扇（当時建設・運輸大臣）・亀井（自民党政調会長）はバッチリだ」
「本日亀井政調会長が都庁を訪問し、東京都の懸案事項への国費投入を約束していった」
「国費投入は（亀井）政調会長もＯＫ」
「都知事もそんなに時間がない」

など、政治的な意図を明確に感じさせる発言記録も残されている。そしてこの東京ガス側の記録の作成者は末尾に、こうした政治的なキーワードをちらつかせることに対して「脅かしてきた」「これ以上議論をしても無駄」などの激しい憤りをにじませつつ、終盤には「以下の約束をした」として、今後は「土壌Ｘｄａｙ」までには（売買をまとめる）方向性を示すべく双方努力することなどが取り決められたとされている。

土壌Ｘｄａｙが意味するところはこの資料に記載はないが、当時議論されていた国が定める土壌汚染対策法の方針・内容が発表される日ではないかと考えられる。

東京ガスは豊洲地域の他にも土壌汚染対策を必要とする土地をいくつか所有しており、国が法規制を厳しくすることが判明すれば、土地価格に負の影響を及ぼす可能性があるからだ。その前に決断することを、大物政治家の名前も挙げながら促していたと考えると、それなりに合点がいく。このようなやり取りによって東京ガス側がこれまでの態度を一変させたのだとすれば、政治的圧力をかけた驚くべき交渉である。

浜渦氏も東京ガス側の証人も、こうしたやり取りがあったことは当然のごとく否定したが、浜渦氏はこの百条委員会を通じて、複数の記録資料や他の証人（前川燿男《あきお》・現練馬区長）の証言で裏付けられている事実を否定するなどしており、残念ながら発言の信憑性《しんぴょうせい》は乏しい。ちなみに東京ガス側の実際の交渉責任者はすでに他界している。

この資料を取り上げたことについては、委員会中に自民党都議によって「出どころも不明」「殊さら取り上げるようなメモではない」等と批判され、またネットを中心に「怪文書に過ぎない」「事実の捏造」などの意見があることは承知している。

しかしながら、これは百条調査権に基づいて東京ガス側から正式に提出された記録資料である。東京ガス側がわざわざ、事実を捻じ曲げた資料を提出する動機は考えづらい。

実際に浜渦副知事とやり取りをしていた東京ガス側の担当者が故人となっている今、すべての真相を明らかにすることは困難かもしれないが、少なくともこの資料を発見した委員として、追及することは責務であったように思う。

実際、記録資料を問題視したのは私だけではなく、都議会公明党の各委員からも指摘が相次ぎ、都議会で議決された百条委員会の最終報告書にも、以下のように記載されている。

ウ　安全を軽視した交渉姿勢

この間の都と東京ガスとの交渉は、汚染があることを知りながらも土地の取得を第一に進められていた。さらに、都が政治的圧力とも取れる言動で売却を迫ったことが推察される文書が見つかっている。この文書には、都側の交渉担当者から、「土地の価格が下がって困るだろう」、「知事の安全宣言で救済するから結論を出せ」、などの発言があった旨の記載があり、東京ガスが圧力と受け止めていたことが見て取れる。こうした交渉姿勢は、土地の取得を最優先にするあまり、土壌汚染対策はどうするのかという点が抜け落ちており、安全を軽視したものであったと言える。

（「豊洲市場移転問題に関する調査特別委員会調査報告書」P.10より抜粋）

この記録資料についてジャーナリストの有本香氏は著作『「小池劇場」の真実』（幻冬舎文庫）の中で、「仮にこのメモが本物であっても意味はない。交渉段階でいずれかに少々強気の発言があったにしても、重要なことは、最終的に東京都と上場企業である東京ガスが適正な手続きで売買をしたかどうかである。政治的圧力が関係したかのような印象を与える無意味な小芝居はすべきでなかった。むしろこの不自然なメモが偽物であればそちらのほうが大問題である」と断じている。果たしてそうだろうか。

確かに最終的に適正な手続きで売買されていれば、法的な瑕疵はないだろう。ただ、情報公開やコンプライアンスがこれだけ重要視される昨今、そのプロセスの適正性も同時に問われることは避けられない。

とはいえ、実際の交渉から長い時間が経過した今になって、コンプライアンスの観点から当時の責任者を責め立てることに異議はあるだろう。時代が変われば価値観も変わる。浜渦氏自身が「交渉をよくぞまとめたと感謝された」と主張しているように、少々強引な交渉が許される時代背景もあったのかもしれない。20年近く前の時代に行われていた事象を、現在の価値観で裁くことの是非については賛否があるものと思う。私自身の百条委員会の総評は後述するが、そうしたご指摘は真摯に受けとめたい。

石原元知事が小池知事に出した「助け舟」

豊洲市場移転を決定する際の細かな経緯や契約について、肝心の石原慎太郎氏は一切知らないと証言している。それはおそらく、本当のことだと思う。石原氏が自ら述べているように、専門家や担当者が検討・報告してきた事項に対して、要所要所で政治的決断を加えただけなのであろう。

ゆえに私は石原氏の証人尋問を行う際には、責任追及ではなく「別の点」に重きをおいた。ここでは石原氏の百条委員会における一連の対応を振り返り、謝意を申し述べたい。

そもそも石原氏の証人尋問は、行われない可能性が高いのではないかと百条委員会の多くの都議が考えていた。いくら強制力を持つ百条調査権を行使したとはいえ、高齢の証人が体調不良を理由にすれば、罪に問うことは現実的ではない。

しかし私たちの予想を裏切って、石原氏は百条委員会の場に姿を現した。そしてこの顛末が、結果として小池知事の豊洲市場への移転の背中を押したのではないかと、私は考えている。

予想通り、証人尋問の場でも石原氏は「密約」や「政治的圧力」などへの関与はすべて否定した。この件を尋問した委員たちは、新たな事実を引き出すことはできなかった。

その点に石原知事の関与はないと予《あらかじ》め見越していた私は、地下水汚染を中心とする安全対策にテーマをほぼ絞っていた。目下のところ豊洲市場への移転反対派が理論的支柱にしているのは、「ベンゼン79倍」報道で盛り上がった地下水汚染対策だ。

これを環境基準値以下にするというのは石原都政下で決定されたことであり、議会や都民にも約束されている。小池知事もこれを頼りの追い風として築地存続を模索していたが、この百条委員会で石原氏の政治的責任を問えなければ、一気に逆風となる可能性もある。

そのとき、豊洲への移転という決断に「引き返す」ために、豊洲市場を活かす布石を打っておかなければならないと私は考えた。その方法は、この飲料水を基準とした高すぎる地下水汚染対策の基準を、石原氏に撤回してもらうことである。

これまで繰り返し述べてきたように、豊洲市場の地下水は飲料水でも清掃水でもなく、ただ捨てられるものである。それに飲料水と同水準を求めたのは、移転を前に進めるための政治的妥協である。そもそもそれが間違っていた、見直すべきだと当時の責任者が「禊《みそぎ》」を済ませることは、多くの都民が納得するきっかけになるだろう。

本件については、私とはまったく逆の意図で（土壌汚染対策が完了していない瑕疵を責め立てる目的で）共産党都議も石原氏に尋問を行ったが、それに対して石原氏は、このように踏み込んだ答えを述べた。

「私は、地下水について非常に厳しい基準を設置したことは間違いありません。しかし、ハードルが高すぎたかもしれません。ですけど、これは、小池知事はその基準にとらわれずに、都民のことをまず第一に考えて、豊洲への移転を実行してもらいたいものだと思います」

これはほとんど明確な「撤回宣言」だ。自ら設定した基準を「高すぎた」と誤りを認めることは、容易なことではなかっただろう。

しかし、石原氏は豊洲への移転を前に進めるために、それを認めた。場合によってはマスコミの格好の餌食にされるかもしれないリスクを取ってまで、小池知事が移転を決断するための「助け舟」を出したのだ。

マスコミは土地売買などの経緯で石原氏の責任を明確にできなかった点で「成果なし」

を強調していたが、この石原氏の英断は、関係者や、何より小池知事自身に大きな影響をもたらしたはずである。

これでもなお小池知事が安全性にこだわって築地存続に突き進むのであれば、非科学的な根拠に基づいて政治利用したと責められるのが、今度は小池知事になる可能性もある。

この大いなる布石を打った石原元知事に対しては、素直に心からの感謝と敬意を表したい。

なお、私自身の尋問の際には、ここまで明確な「撤回宣言」や過去の総括と受け取れる発言がなく、時間をかけて文明論などを披瀝されたことから、焦った私は発言の締めくくりで石原氏に対して「未来や文化、人間というものを語るのであれば、かつてご自身が下した決断については、しっかりと総括をしていただきたい」という不遜で強い言葉を言い放ってしまった。

メディアの注目を浴びる百条委員会という場で高揚し、功を焦っていたことは疑いなく、未熟な発言をしたことについては深く反省している。

百条委員会に意味はあったのか

以上は長きにわたって行われた百条委員会のほんの一面に過ぎないが、その要点を私なりに絞って振り返ったものである。膨大な記録資料からは「密約」と「政治的圧力」という、いわゆるガバナンスの問題が明らかになった。

また、石原氏の証人尋問によって、豊洲市場への移転にまた一歩進んだ。

前者のガバナンスについては法的な瑕疵ではないものの、盛り土問題と同様、都政の意思決定プロセスの中にこのような不適切な対応があれば、改善しなければならないことは明らかであり、これを指摘したことには意義があるだろう。後者の功績については前項で述べた通りだ。

以上により、私は百条委員会の設置開催に一定の意味はあったと考えている。

ただ、ガバナンスについては20年近く前の意思決定プロセスを現在の価値観で追及し、またそのために幾多の民間人に証人尋問を行ったことが適正であったのかどうか、疑義が生じることも事実だ。

石原氏についても、高齢で大病を患っている方に対して求めるものとして、行きすぎたものだったという誹りを免れることはできない。百条委員会という方法に頼らず、同じ結果を出す方法があったかもしれない。厳しい批判については真摯に受け止めたい。

加えて、百条委員会ではこうした土地売買の経緯と安全対策費用についての議論のみで時間切れとなり、結局のところ建設費の高騰疑惑などについて調査できなかったことも反省点である。

また百条委員会では調査の結果、いわゆる偽証罪、「虚偽の陳述」を浜渦元副知事を含む2名の証人に対して認定した。これに対しても、政治的パフォーマンスで吊るし上げたとの指摘はある。だがこちらについては、膨大な資料を調査した身として率直に申し上げれば、残されている客観的記録と証言の乖離《かいり》が明白であったし、さらに他の証人の証言との明らかな食い違いも生じている。

虚偽の陳述は単に「事実と異なることを述べた」だけではなく、何らかの意図を持って証言を捻じ曲げたと認定されなければ罪に問われることはないため、百条委員会として告発した内容が、実際に検察によって起訴されるかどうかは不透明だ。

だが、調査結果との乖離が極めて著しいことから、委員会として見過ごすことはできなかったし、偽証罪に問うたのは議会・委員会として妥当なことと考えている。

ただし、偽証罪・虚偽の陳述があったことをもって、浜渦副知事などの行動がすべて否定されるわけではない。途中にどのようなプロセスがあったとしても、浜渦副知事が困難な交渉をまとめたことは事実であるし、それが当時関係者から賞賛されたことも確かだろう。現在の価値観のみで、当時の出来事を丸ごと断罪することはできない。

今回、移転の経緯を明らかにするために公の場に姿を見せたことも含めて、改めて浜渦副知事を始めとする証人の皆さまには感謝と敬意を表したい。

なお蛇足であるが、私も議員になってから歴代知事や国会議員経験者など、名だたる政治家と議会やテレビ討論番組で対峙したが、浜渦氏ほど良い意味での威圧感を持ち、毅然と議論された人物はいなかったように思う。まさに政治家以上の政治家らしい人物であり、石原氏の片腕となった理由も得心できた。

本章の最後に、私は石原氏や浜渦氏以下、すべての百条委員会の関係者に明確に謝罪しなければならない。それは「なぜ豊洲だったのか」という意思決定のブラックボックスを明らかにするために百条委員会まで開いたのに、その一方で、小池知事による明らかにブラックボックスな意思決定を看過してきたことである。

石原氏が豊洲移転を決断した理由については、公表資料でも百条委員会での資料でも、充分に理解することができた。

築地市場における狭隘化《きょうあいか》を解消するために、40ヘクタール程度のまとまった土地が必要であり、なおかつ都心からの利便性を考えると、都内で現実的な選択肢は豊洲しかなかったのだ。

多摩地区なども検証された形跡があるが、やはりアクセスなどの面で候補から外されている。

豊洲の土地売買の経緯に不適切な点はあっても、土地選定については大きく疑問に思える部分はないと言っていいだろう。

一方で、小池知事は最終的にこの移転問題を「築地を守る、豊洲は活かす」という「いいとこ取り」とも言える方針で決着させたのだが、この政策決定のプロセスやその妥当性は未だに明らかになっていない。

石原氏や浜渦氏に意思決定の透明性を求めたのであれば、私はこのとき即座に、小池知事のダブルスタンダードについても指摘しなければならなかった。

これについては何度謝罪してもし足りないものであり、今後の誠意ある活動で許しを請う他ない。次章以降で改めてその点を詳述しつつ、小池百合子知事の「正体」を考察していきたい。

第四章

小池知事の正体

政治家・小池百合子の中身は「空《くう》」だ

「小池百合子とは結局のところ、どんな人物だったのですか？」

決別を決めてから、もっとも多く聞かれた質問の1つだ。色々と考えあぐねたが、私の結論を言えば、小池知事は「空《くう》」なのではないかと思っている。「からっぽ」だと揶揄《やゆ》したいのではない。仏教用語の「空《くう》」だ。

コトバンクによると、「すべての事物はみな因縁によってできた仮の姿で、永久不変の実体や自我などはない」とされる空の概念だが、私の小池知事に対する印象はまさにこれに近い。すなわち、何か確固とした理念や信念があるのではなく、因果関係やその後の予測によって融通無碍《ゆうずうむげ》に考えを変えていくのだ。

もちろん、柔軟に考え方を変えられることは政治家やリーダーにとって重要な資質の1つであり、悪いことばかりではない。

ただ、信念や柱がまったくないとなれば困ったことになる。

小池知事は「風を読む・風に乗るのがうまい」と言われている。いくら乗った方が良い風がきても、信念がある人は「乗れない」ことも多いものだが、彼女はそんなことはお構いなしに風を摑んでいく。なぜなら、その実態が「空《くう》」だからである。そう考えると、これまでのほとんどの行動が納得できる。

例えば、都知事選のときから「情報公開」を一丁目一番地として広く掲げ、政敵である自民党都連を「ブラックボックス」として舌鋒鋭く批判してきたにもかかわらず、2度の選挙でその政敵を叩きのめすと、今度はあっさりと自らが「ブラックボックス」となって権勢を振るった。

彼女にとって「情報公開」など、自分の信念ややりたいことではなかったのは明らかで、目先の闘いに勝つための道具に過ぎなかったのだろう。

しかしこれを二枚舌・ダブルスタンダードと言えばそれまでだが、実はそれほど簡単なことではない。

自分の信念として強く主張してきたことを反故《ほご》にしようとすれば、知らず知らずのうちにでも心理的な「ブレーキ」がかかるのが人間の性《さが》である。

特に小池知事は情報公開を旗印にして、それで300万人に迫る有権者の心を動かし、自身が主催する政治塾には4000もの人間を集めたのだ。そうした人たちの顔を思い浮かべれば、背信行為には良心が咎めるのが普通である。

ところが小池知事は、権力闘争が終わった瞬間、「ファーストペンギン」と自らが持ち上げた都議たちすらもあっさり切り捨て、情報の秘匿《ひとく》へとひた走った。そこにはいっぺんの迷いも感じられない。その場その場で大胆に「(自身にとって)最適」な判断を下せるのは、自身の主柱《しゅちゅう》となるものがない「空《くう》」たる人物にしかできない。

矛盾しまくりの「AI発言」

そんな小池知事の政治性・人間性をもっともよく表したものとして、私はいわゆる「AI発言」をあげたい。迷走を重ねてきた築地市場移転問題について小池知事は、都議選の直前となる6月20日に「築地は守る、豊洲を活かす」という基本方針を突如として発表した。豊洲市場への移転は行うものの、築地市場の跡地は売却せずに都が保有。ここに5年後を目処に再開発を行い、市場機能も持たせた「食のテーマパーク」を創るという構想だ。双方の活用を目指す「いいとこ取り」の決断である。

これには、多くの都政関係者が度肝を抜かれたことだろう。小池知事が市場移転問題の検証機関として活動してきた専門家会議、市場問題プロジェクトチーム、それらの議論をさらに昇華するために設置された「市場のあり方戦略本部」のどの議論過程を見ても、双方に市場を残すなどという結論が導き出される余地はないからだ。

また事前に発表されていた移転決断のロードマップに沿うのであれば、決断の時期は夏頃とされていたはずだ。にもかかわらず、都議選直前に発表されたのは、双方を活用する突拍子もない案だった。

こうした経緯について、毎日新聞が行った情報公開請求で、基本方針決断に至る検討プロセスの資料が一切残されていなかったことが、都議選後の夏に判明している。

この点を問われた小池知事は、2017年8月10日の記者会見で決定的な言葉を残した。正確をきすために、前後の文章も含めて引用しておきたい。

【記者】毎日新聞の円谷です。（中略）豊洲市場の移転問題について、知事が公表した市場と、豊洲と築地と双方に市場機能を残す方針について、財源や運営費など検討した記録が都に残っていないというのが毎日新聞の情報公開請求でも明らかになりまして、最終判断が知事と顧問団による密室で下されて、情報公開という知事の方針に逆行するんじゃないかという指摘もあるんですけれども、知事のご所見をお願いいたします。

【知事】（前略）そして、2つ目のご質問でございますけれども、情報というか、文書が不存在であると、それはAIだからです。私があちこち、それぞれ外部の顧問から、それからこれまでの市場のあり方戦略本部、専門家会議、いろいろと考え方を聞いてまいりました。いくら金目がかかるかということについては、関係局長が集まった会議で、既にA案、B案、C案、D案と各種の数字が出てきております。よって、試算については既に公表されているものがあります。

最後の決めはどうかというと、人工知能です。人工知能というのは、つまり政策決定者である私が決めたということでございます。回想録に残すことはできるかと思っておりますが、その最後の決定ということについては、文章としては残しておりません。「政策判断」という、一言で言えばそういうことでございます。

確かに専門家による検証が終わった後は、政治家として頭の中で政策決断をしたのだという理屈に一定の理解はできる。「AI」「人工知能」という譬《たと》えはわかりづらく物議を醸したが、様々な要素が入力されれば、あとは自分が結論を出すのだという比喩表現なのだろう。

蛇足だが、この記者会見の直前に毎日新聞社主催の「AI」をテーマにしたイベントに知事は来賓出席しており、この質問も毎日新聞の記者が行っていたことから、小池知事なりの「リップサービス」を効かせたものなのではないかと個人的には推測している。

しかしどんな理屈を並べようとも、この小池知事の態度は大きな矛盾をはらんでいる。前章の最後で述べたように、自らの頭の中で政策判断をすることが小池知事に許されるのであれば、同じく豊洲移転を政策決定した石原元知事にも何ら問題がないはずであり、「なぜ豊洲だったのか」と石原元知事を糾弾したことは、すべて間違っていたと認めなければならない。

むしろ石原元知事は自ら「専門家に任せていた」と公言するほど、意思決定のプロセスに乖離はなかった。丹念に資料を読み込めば、専門家たちの検証から豊洲への移転が決断されることは自明だ。

ところが小池知事のケースでは、事前に行われていた「市場のあり方戦略本部」などの各種会議の結論からは、「築地と豊洲、双方を活用」という案を導き出すことはできない。どちらかと言えば、小池知事の決断の方が闇が深い。にもかかわらず、これに関しては「まったく問題ない」と主張するわけだ。

この「AI発言」を巡る意思決定プロセスの問題が発覚した際、まだ都民ファーストの会の一議員として活動していた私は、組織の論理を優先して、公に問題点の指摘をすることを控えた。

この対応は政治家として「保身に走った」と思われても致し方のない過ちであり、重ねて反省し、お詫びを申し上げたい。

結局のところ本件においても、情報公開の徹底や真相の解明は小池知事のこだわりでも、信念でもなかった。ただ目の前の政敵を倒し、選挙前の「風」を良くするための決断に過ぎなかったのだ。だからこそ、これだけ相矛盾することを堂々と主張することができるのだろう。

おそらく本人は、自分が矛盾していることにすら気づいていないはずだ。これは勝手な推測だが、最新型のウソ発見器や心理テストを用いても、彼女が「ウソ」をついていることは見抜けないのではないかと思う。

自分の正しさに強固な自信がなければ、良くも悪くもあれだけ強い言葉で人を惹き付けることはできない。その場その場で最適解を判断している小池知事にとっては、自身の行動はすべて「真実」なのである。

しかしそれは、周囲にとっては目まぐるしく変わる「虚実」でもあるのだ。

小池知事は「根回し」をしない正面突破体質

もう1つ、私が感じた小池知事の気質・手法について触れておきたい。それはいわゆる「根回し」をしない正面突破体質だ。市場問題以外で、特にそれを顕著に感じたのは、東京五輪関連である。

すべての競技を都内で完結させる「コンパクト五輪構想」は舛添知事時代にすでに撤回され、いくつかの競技場は近隣の自治体など都外に分散させる計画で進んでいたが、その際の費用分担が決まっていないことが問題となっていた。

小池知事は就任後、様々な費用の見直しを進める中で、この部分の負担を競技実施自治体に求める考えを示した。これに対して周辺自治体は「約束が違う」「競技実施を受け入れた際、負担はないとされていたはずだ」と猛反発し、紆余曲折の末、最終的には東京都側がすべての負担を受け入れる形で決着した。

実はこの過程で、当時まだ小池知事の「側近」と見なされていた私のもとには、周辺自治体の関係者から多くの連絡が入っていた。皆一様に「小池知事は一体、何を考えているのか」「ここまで何も事前の説明・根回しがないのは初めての経験」と、途方に暮れた様子であった。

通常、行政同士が関連する事業については、メディアに対して情報を出す前に関係自治体には連絡・調整がついているのが当然だ。

しかし関係者が口を揃えて「まったく何も知らされていない」「事務方からの連絡すらない」と言うのだから、私もびっくりしてしまった。政敵を打ち倒すための議会案件、あるいは都庁内で完結する案件であれば、まだ理解できるが、周辺自治体に対しても「根回しなしの正面突破」を行っていたのだ。

そして当然のことながら私を含む「身内」の議員たちへの説明すらもあるはずもなく、相談を受けた私は「知事にお伝えします」としか言うことができない体たらくだった。なんともなさけない「側近」である。

周辺自治体の首長や関係者は、政敵ではなく「仲間」のはずだ（身内の議員もだが）。東京五輪組織委員会と鍔迫《つばぜ》り合いをしている最中に、「仲間」となりえる関係者に対してこうした対応をしていては、交渉に打ち勝つことなどできようはずもない。

結局、自治体との費用負担の分担は、全面的に小池知事側が主張を取り下げる結果となった。

もちろん、「根回しなし」のやり方が功を奏することもある。メディア報道で既成事実を作り上げ、政敵に反論させる間もなく世論で押し切るというケースもないわけではない。

しかし、小池知事がこうした正面突破を常に戦略的に考えて選択しているかと聞かれれば、極めて懐疑的であると言わざるをえない。

事実、市場移転問題や東京五輪など、行政の連続性が問われる案件では、「根回し不足」による失政を連発している。これはおそらくは、性格によるものなのだろう。

そして周囲に「イエスマン」しか置かないことが、こうした判断ミスを事前に防ぐことを妨げているのではないかと思う。

「根回し」をしないという強み

一方で、こうした大胆な決断を下す「空《くう》」たる小池知事の特性や、根回しをしない気質が良い方向に転ぶこともある。その最たる例が、いわゆる「政党復活予算」の廃止だろう。

これまで都政・都議会は予算編成の過程において、議会側からのリクエストで「復活(追加)」できる予算枠が200億円も確保されていた。

予算編成権というのは、執行機関＝都知事が持つ専権事項であり、議会側が編成段階で明確な「予算枠」を持っているというのは全国的に見ても極めて異例である。

議決権は議会にあるのだから、予算編成に注文があるのであれば、議会での審議で堂々と修正案や組み替え動議を出すのが通常の流れである。

しかし都政においては、都議会側が編成段階で恣意的に操作できる予算枠が残されていた。さらに「都議会側」といっても、それを差配するのは一部の大会派である。

私も議員になってから毎年、定められた時期に「復活予算要望」を慣例として提出していたが、どれだけ真面目に練り上げたところで結論は先に決まっており、少会派の要望など一顧だにされたことはない。

200億円の予算は一部の政党・会派を支援する業界や基礎自治体のために配分され、それが都議会議員たちの権力の源泉ともなっていた。「この予算枠が欲しければ、ずっと我々を選挙で支え続けるように」というわけだ。

実際のところ、復活する予算項目は毎年ほとんど一緒で、形骸化したセレモニーになっていることも明らかであった。

とはいえ、長く続いた慣例を突如としてやめるのは、決して容易なことではない。政敵の支援業界である可能性が高い場合であっても、公益性をもって活動している民間団体への予算をばっさり切り捨てれば批判も大きい。

しかし、小池知事は初年度からこの200億円の予算枠を一気に「ゼロ」にする改革を断行した。そもそもの予算執行権は知事サイドにあるのだから、理論的には可能であるとはいえ、段階的な廃止ではなく一気にゼロである。

もし小池知事が事前に都庁内や議会、あるいは業界団体などに「根回し」を行っていれば、必ずどこかで横槍が入って頓挫、もしくは妥協していた可能性が高い。

あるいは、自身の知事給与を半減したこともそうだろう。知事職の給与は「特別職報酬等審議会」で検討・決定されるものであり、その審議会に諮らずに削減するとは何事だとの指摘が相次いだ。

しかし、そうした批判は物ともせずに、小池知事は根回しなしの強行突破を図った。知事給与の半減は世論に拍手喝采をもって受け入れられたこともあり、政敵である都議会自民党すら最終的には賛成し、全会一致で知事給与の半減条例を議会で通過させた。

この知事給与半減が呼び水となり、これまで一向に進まなかった都議会議員の待遇（年間約1700万円の高額議員報酬、月々60万円の政務活動費、交通費代わりにもらえる1回1万円の費用弁償等）の改革・見直しも急速に進んだのだから、その功績は率直に言って大きい。

こうした知事の突破力を良い方向に活かせれば、適切に行えるはずの改革はまだまだあるだろう。市場移転や東京五輪については、周囲にイエスマンしか置かないあまりに、間違った方向に力を注いでいることは返す返すも残念でならない。

小池知事は薄情なのか

小池知事は薄情なのか、情に厚いのか。周辺で活動していると、まったく相反する評価を耳にする。

以前に番組で共演した元自民党の大物議員は楽屋で「小池百合子は、選挙前は平身低頭して応援のお願いに来たのに、終わった後は御礼の一つもよこさない。まったく人としての『情』みたいなものがないんだよ！」と、私の顔を見るとひとしきり感想をぶちまけていた。

どちらかと言えば、こうした「薄情」という評価の方が多いだろう。

その一方で「面倒見が良い」と慕う人間たちがいることも事実である。果たしてどちらが小池知事の「正体」なのだろう。

私の結論を申し上げれば、「小池知事は情に厚い。ただしそれは、完全に上下関係が成立しているときだけ」というものだ。

小池知事を慕い、行動を長くともにし続けているのは、元秘書などの部下たちが大半だ。それも、政界における初めてのキャリアが小池知事の秘書であるなど「生え抜き」が多い。都民ファーストの会の代表を務めた野田氏、荒木都議などは、まさにこのパターンに近いだろう。

こうした方々とは、心が通ったコミュニケーションを続けていることは間違いない。

一方で、ある種の対等な立場で付き合いが始まった仕事仲間・同僚などは、長続きせずにことごとく距離を置いている。

私自身、自分で言うのも恐縮であるが、当初の小池知事との関係は非常にうまくいっていた。私と小池知事はちょうど親子ほども年齢が離れており、小池知事にとっては子どものような部下だったのだろう。

都知事選の際は選挙カーの手配からネット広報の一部まで司り、政治塾「希望の塾」にしても事務方の仕事を一手に引き受けて運営していた。いわば「使い勝手の良い子分」のような存在であり、ファーストペンギンと言われた都議たちの中で私が都議団幹事長を拝命したのは、発信力よりもそうした理由によるところが大きい。上下関係を誇示する「マウンティング」の効く相手に対しては、良好な関係が続くのだ。ゆえに、そのまま甲斐甲斐しく「小池知事のイエスマン」を務めていれば、私と小池知事の良好な関係も長続きしたのだろう。だが、私は痩せても枯れても都議会議員である。

しかも、小池知事が就任する前から都議会に議席をあずかり、「小池チルドレン」ではないという自負もある。年齢や政治キャリアから「対等」とまではおこがましく言わなくとも、完全な「上下関係」にはない。そんな想いもあって市場移転問題などで口うるさく意見を述べてくる私は、小池知事が情をかける対象から徐々に外れていったのだと思う。

自らの意思をもって行動する議員は、ややもすれば自分の地位や権力を脅かしかねない「政敵」となる可能性もある。

利用価値がなくなれば、あとは徹底的に権限を取り上げ、遠ざけるというやり方を、小池氏は恐らくこれまでも続けてきたのだろう。

「薄情」「情に厚い」という評価が混在するのは、小池知事との関係性・距離感によってどちらも事実だからだと思う。

そして現在、小池知事と都民ファーストの会の一部役員たちの間に、隙間風が吹いているとも仄聞《そくぶん》している。代表を除く都民ファーストの会の役員たちのほとんどは現職・元職の都議会議員であり、選挙の直前に「小池旋風」にあやかるために集まったメンバーだ。

小池知事の支持率が高く、求心力が強い時期には上下関係が成立するが、そうでなくなれば起こることは自明である。理念や政策によらずに集まった組織の脆弱性は、これから加速度的に露呈していくのではないかと思う。

排除発言で露呈した「本性」

本章の最後に、もっとも物議を醸したと言っても過言ではない「排除」発言について少しだけ触れておきたい。

衆院選で厳しい結果が出た後、この発言について小池知事は希望の党の両院議員総会にて「政党は理念、政策が一致しなければいけないことを強調したが、言葉が歩いてしまった」と釈明、謝罪した。あくまで「言葉のひとり歩き」という点を強調しているのだが、果たしてそうだろうか。

単なる失言ならば、いくらメディアが囃《はや》し立てたところで、有権者の心がここまで動かされることはありえない。政策理念の一致が重要というのは正しいのだから、好意的に解釈する人間がもっと多かっただろう。

有権者が厳しい判断を下したのは、「排除」という言葉の表面に対してではなく、そこに小池知事の人間性・本質を感じ取ったからではないか。

第一章からここまで述べてきたように、少なくとも小池知事は知事選前から応援した私たち都議を、徹底的に組織や意思決定プロセスから「排除」した。

残念ながら客観的に考えて、ここで優先されていたのは情や政策ではなく、自らの立場や権勢であることは疑いない。

私たちの離党表明によって、殊さらに選挙や知事の評価に大きな影響を与えたとおこがましく言うつもりはないが、少なくとも小池知事の「排除」発言がどういったことを意味するかが、有権者には伝わったのではないだろうか。

離党会見によって小池知事・都民ファーストの会の真実が明らかにされたことで、有権者の中で小池氏の人物像の「言行一致」がなされたのではないかと思っている。

「空《くう》」たる小池知事の性質や、根回しなしで正面突破をする手法は悪いことばかりではない。それが柔軟性や決断力として、政治家としての評価になることもあるだろう。

しかしこうした、政策や理念によらない「排除の論理」だけは、小池知事のプラスの評価につながることはない。一部の人が決めるのではなく、オープンに「都民と決める」政治こそが、選挙で掲げた理念でもあったのだから。

意見が異なる人間は、必ずしも全員が敵ではない。議会やメディアからの「耳が痛い」批判の中に、都政を良くするためのヒントが隠されていることもある。

もしもこのご自身の気質に小池知事がまだ気づいていない、あるいは本当に「排除」という言葉がひとり歩きしたと考えているのだとしたら、僭越《せんえつ》ながら都民・都政のために自省を願うばかりである。

終章

贖罪

「離党」の決断は正しかったのか

終章では、離党後の出来事を振り返りながら、改めて私自身の政治判断を総括するとともに、今後の都政の展望についても意見を具申していきたい。

衆院選直前での離党報道は反響も大きく、賛否それぞれの立場から意見が寄せられた。「都民ファーストの会として期待したのに、がっかり」「政党の看板で当選したのだから、議員辞職をするべきだ！」という厳しいご指摘については、真摯に受け止める他ない。

ただ、都民ファーストの会として活動を続けられないことは申し訳ないと思う反面、議員辞職の必要性については否定したい。政党公認で当選した以上は、任期の間はそこに居続けるのが筋だという意見にも一理はあるものの、政治家・議員が政策を約束をする相手はあくまで有権者だ。自分の所属する組織が変節し、有権者に約束した政策がとても実現できないということであれば、政策実現のためにその政党から離れるという選択を取ることも、私は許容されうると考えている（もっとも、国政選挙における「比例代表制」で、完全に党名で当選した議員はこの限りではないと思うが）。

小池知事や都民ファーストの会に対して忠義を立てるのであれば、何があっても離党するべきではないが、私は有権者とその約束に筋を通したかった。その判断の是非については、次の選挙の際に審判を受けたいと思っている。

また、「もっと我慢して、中から変えて欲しかった」という意見もある。確かに、公約を果たすために中から組織を、小池知事を変えていくことができればそれがベストなことは疑いない。しかしながら第一章で詳述した通り、私とて組織内で手をこまねいていたわけではなかった。厳しい言論統制と同調圧力の中で、最大の公約違反である「ブラックボックス化」の実態すら満足に都民・有権者に訴えることができなかったのである。実態を外に伝えられなければ、組織の自浄作用は働かない。

加えて、国政進出による衆院選への突入である。離党会見でも述べたように、このまま都民ファーストの会に残れば、海の物とも山の物ともつかない政党を応援し、自分の支援者たちにも投票依頼をしなければならない。それは政治家として、越えてはいけない一線であろう。あそこで国政選挙・国政進出がなければ、まだ内部努力を続ける選択があったかもしれないが、こうした理由から離党は「あのタイミングしかなかった」と考えている。

なお、「小池知事を利用するだけ利用して、風向きを見て真っ先に逃げ出した」という批判については反論を述べておきたい。我々の離党が報じられる前の9月末にはすでに小池知事による「排除」発言があり、微妙な空気が漂っていたことは確かだが、離党のタイミングではそこまで大きな逆風は吹いていなかった。

むしろ希望の党の公認を求める人たちが殺到していたし、定点観測している各種世論調査や有識者の分析でも、3桁の議席に届くという評価が多かった時期だ。

結果として小池知事が率いる希望の党が惨敗したからこそ「沈みゆく船から真っ先に逃げ出した」「お世話になった人が一番つらいときに、後ろ足で砂をかけて出ていった」等と批判されることもあったが、離党をした我々も信念と政治生命をかけたギリギリの決断をしたのだ。水物である選挙の世界、もしも希望の党が圧勝していたら、「潰されていた」のは私の方だっただろう。

これは都知事選のときも同様で、「風向きを読んで勝ち馬に乗った」と今も言われ続けている。ファーストペンギンと言われた3人の都議が小池氏支持を表明したとき、まだ小池氏勝利を予測する人は極めて少なかったのだが、小池氏の圧勝という結果を見てからであれば何でも言える。これも同様に、政治家として勝負に出たギリギリの政治判断だった。そんな政治的なリスクを取って不利な候補を応援していたからこそ、当時、対立候補の方を「勝ち馬」だと思って小池氏以外を熱心に応援していた都議たちが、今や都民ファーストの会の役員として権勢を振るっていることは極めて遺憾である。

だが幸いなことに、比較的多くの人たちが決別という決断を支持してくれたし、それゆえに様々なメディアで発言する機会をいただくことができた。都民ファーストの会の議員として応えられなかった期待については重く受け止め、今後の活動で成果を出すことで汚名を返上していきたい。

市場移転問題における重い責任

むしろ私が大いに反省し、今後ずっと償っていかなければならないのは、離党という判断をもっと早い段階で「しなかった」ことだ。その間に、市場移転問題を筆頭とする間違った政治判断を、結果として許容してきた極めて重い責任を負っている。

第二章・第三章で詳述した通り、都政最大の課題となっている市場移転問題について私の立場は、一貫して豊洲への速やかな移転である。しかし「盛り土問題」など都庁側の明確な手続きミスもあり、不信が高まった世論を無視することは現実的ではなかった。

諸問題の徹底的な原因究明と情報公開を進めつつも、最終的には豊洲市場への移転へと着地させる。この政治的な舵取りが容易なことではなかったとはいえ、小池知事や都民ファーストの会の幹部たちが築地再整備を真剣に検討し始め、また選挙のために利用しようとする道に突き進んでいくのを止められなかったのは、私の力不足という他ない。

言い訳にしかならないが、2017年初めから都議選までの間は、同じく豊洲移転での決着を目指す関係者と情報交換をしながら、各種メディアでの発信も交えて継続的な努力は行っていた。しかし、「方針が異なった時点で、筋を通して離党するべきだった」「特に都議選の前の基本方針を容認したのは、選挙目当てだ」という誹りを免れることはできないだろう。

実は都議選前、市場移転問題の決着を都議選後まで先延ばしにしようとする小池知事および都民ファーストの会に抗議の意を示すために、離党を真剣に検討したこともある。

その際に行った世論調査では、私への投票意向と小池知事への支持率が、必ずしもリンクしていないことも明らかになっていた。つまり、私が小池知事から離れたとしても、票は減らない可能性が高い。1期4年で積み重ねてきた実績と、メディア露出による知名度。直前のタイミングで離党すれば、時間の制約や人材面でも都民ファーストの会が対抗馬を立てることは不可能、勝てるだろうという読みもあった。

仮に私が都議選前に離党していれば、全体結果への影響があったもしれない。

しかしながら、相談を持ちかけた人たちに強く慰留された。選挙の結果を心配する声はなかったが、「ここで市場問題にもっとも詳しい人間が抜けてどうする」「中から軌道修正していくことが役割ではないのか」「選挙が終わって優秀な新人議員が増えれば、流れが変わる。彼らとともに修正していける」「今都議団幹事長が離党すれば、その優秀な新人候補たちほど影響を受けて落選する。それでいいのか？」などの言葉が私の心に刺さった。

それに、豊洲移転での決着を強く望む都議会公明党が政策連携していることに加えて、組織内からも私が移転推進の声を上げ続けていたことは、少なからず小池知事の決定にも影響を及ぼしていたという自負もあった。組織の中に異論があるということは、決して無駄ではない。

さらに基本方針発表前後に意見交換をした、私が一月置いている他党議員が「政治の世界に百点満点はない。中央卸売市場が豊洲に行くと明言したことは一歩前進なのだから、ここから正しい方向に導いていくのが我々の役割だろう」と述べていたことも印象に残った。最終的に、私は都民ファーストの会のまま、築地再開発を含む基本方針は「これから検討していく」と容認し、都議選に臨むことにした。

その結果、都議選後に私が組織の中で徹底的に押さえつけられ、市場移転の政策について一切の影響力を行使できなかったことはすでに述べた通りだ。

豊洲への移転決定までの部分では少しの貢献ができたかもしれないが、都議選直前まで決断を先延ばしにしたことで豊洲地域の風評被害は拡大し、東京五輪や湾岸都民の交通に多大な影響を及ぼす環状2号線の完成は大幅に遅れることになった。

そして今に至るまで、築地再開発の展望はまったく見えておらず、市場関係者の失望は大きい。都議選前に離党していたところで状況が好転したとも限らないが、私が何も成果を出せずに間違った基本方針を貫く小池知事を担ぎ続けたことは事実である。

そして、選挙目当てではないとは言うものの、当時の小池知事の支持率に乗っかっていれば楽に選挙ができたし、私に入った票の中に小池知事への期待票が相当数あったことも確かだ。選挙は本当に何が起こるかわからない、落ちたら終わりの世界である。

私の弱い心の中にも、そうした状況をできれば利用したいという気持ちがあったことは認めざるをえない。こうした点も含めて、私が政治判断を誤ったことは疑いない。この点については何度でもお詫びしなければならず、誠に申し訳なく思う。

石原慎太郎元知事の功績

そしてこの政治判断の誤りの中で、石原慎太郎元知事に対する非礼があった点については、ここまでも重ねて述べてきた。

石原都政下では、市場移転問題の中で確かに都庁のガバナンスに不適切な点があったものの、百条委員会という場で追及すべきものであったのかどうかは、疑念を示されても仕方がない。

しかしながら百条委員会への出席も含めて、石原氏がこの問題で矢面に立ったからこそ、混迷を極めた市場移転が決着へと前に進んだことは間違いない。

体調を理由に記者会見や百条委員会の出席を拒むことも可能だったにもかかわらず、行動したのは都民のために他ならなかったからだろう。

「科学が風評に負けるのは国辱」という主張は多くの都民たちの心を動かしたし、各種の世論調査で「早く移転問題に決着をつけるべきだ」「豊洲移転に賛成」という意見が増え始めたのは、石原氏のこの発言が確実にきっかけの1つになっている。

そして、「地下水の環境基準が高すぎたかもしれない」と自らの過ちを認めることによって、小池知事が決断をする「助け舟」を出した。これは文字通り、命がけの行為だったと思う。

私は築地市場移転問題を調査する中で、石原氏がいかに「市場業者を分断させないか」に苦心していたのかを痛感した。

築地市場の関係者の本音はみな「できるなら築地に残りたい」だ。しかし老朽化などの厳しい現実はそれを許さない。誰かが音頭を取って、決断しなければならない。

それでも無理な移転を推し進めれば、市場業者が移転賛成派と反対派に完全に分断されてしまうだろう。石原氏は、この点を何よりも憂慮していたとも聞く。

市場業者が一丸となってまとまっていかなければ、明るい市場の未来は描けない。確かに地下水対策を始めとする安全対策は結果として過剰なものになったが、それはできる限り多くの市場関係者を納得させるためのギリギリの妥協案だった。

強いリーダーシップと柔軟な妥協を使い分けて、２０１６年11月に移転させることが決まったときには、市場関係の団体は分裂することなく「豊洲への移転」で意思統一という難業を成し遂げることができたのだ。

小池都政による混乱を経て、再び移転日程は決定したものの、石原氏が何よりも案じた市場業者の結束は危機を迎えつつある。特に市場における最大の事業者である水産仲卸業者たちは、移転賛成派と反対派、さらには基本方針に沿った「築地リターン派」という3つのグループに分かれ、１つにまとまっていた組合が分裂する恐れもあるという。

これまでの長い歴史の中で1つでやってきた水産仲卸業者の組合が分裂するとなれば、たとえ移転が完遂できたとしても、そのダメージは非常に大きい。石原氏はそれがわかっていたからこそ、市場移転問題で再び矢面に立つ決意をしたのだろうと思う。この石原氏の功績と想いを無にしないためにも、市場移転は円滑に成し遂げなければならない。

取り返しがつかないことは勿論多々あるが、まだ間に合う部分もある。とりわけ事業者の分裂と混乱は、未だに実現の可能性が1つも見えてこない小池知事の「築地再開発」の方針が大きな要因となっていることは明らかだ。

現行の都庁のロードマップに従うと、最長で平成30年度末（2019年3月末）まで、築地再開発の計画が検討されていくことになる。このまま手をこまねいてこの結論を待っていたら、その間に仲卸業者たちの組織はバラバラになる可能性が高いだろう。

小池知事は速やかに基本方針の誤りを認め、築地再開発のプラン（食のテーマパーク等）は撤回し、築地市場跡地は民間売却を前提とした当初の計画に戻すべきであることを、改めてここで強く指摘しておく。それを実現させることが、石原氏や市場関係者に対する私の何よりの贖罪であり、考えられるすべての努力を重ねていきたい。

真の「都民ファースト」は実現するのか

最後に、今後の都政の政局的な見通しについて述べておきたい。「小池知事は都知事の任期をまっとうするのか」「2期目はあるのか」というのは、多くの人が抱いている疑念だろう。国政進出に手を伸ばした時点で、小池知事の都政に対する熱意が確実に下がっていたことは事実だ。

市場移転問題や東京五輪施策などにおいて、前任者の問題を糾弾して支持率を上げる手法は限界を迎え、これからはむしろ拡散した問題を収束させる「撤退戦」を強いられる。

メディアが持て囃すことも少なくなり、もはや衆目が集まらぬ中で批判に晒されながら、地道な行政執行をこなすことに小池知事が耐えられるのだろうか。


衆院選出馬は断念したものの、仮に自らが立ち上げた「希望の党」がそれなりの党勢を維持していれば、2019年の参院選で国政復帰ということも充分ありえた。

しかしながら、その頼みの綱の希望の党は2018年2月の毎日新聞・世論調査で、ついに支持率0%を記録した。50名以上の国会議員を有する公党として、これは異例の事態である。政策や信念の違いが露呈したことから党内の意見集約はままならず、発足メンバーである松沢成文参議院議員らが分党を提案し、さらには解党まで公言する議員も出始めるなど、その先行きに希望はまったく見いだせない。

これでは、とても次回の国政選挙に耐えられる党勢を維持できるとは思えない。となれば、猪瀬元知事や舛添前知事らのように明確な不祥事が起こらない限り、小池知事は任期をまっとうする可能性が高いだろう。

もとより多くの都民も、度重なる都知事選にはうんざりしており、少なくとも1期4年の任期を勤め上げることは、その期待にも沿うことだ。

ならば小池知事がこれから速やかに行わなければならないことは、都知事選で掲げた公約・政策への回帰である。情報公開の徹底と、一部の業界団体や政党のしがらみによってではなく、都民とともに決める政治こそが、小池知事や都民ファーストの会が当初目指した政治だったはずだ。

ところが小池知事も都民ファーストの会も、権力にあずかった途端に団体要望ヒアリングや政治資金パーティーを行い、ブラックボックスの中で重要な意思決定を連発するなど、期待と逆行する行為を続けている。

さらに2018年1月には、知事査定が終わって編成された直後の予算案を、議会や都民に説明する前に特定団体に通知したことが問題視された。

一部の業界団体の要望に応えて予算を差配していることを証明した形となり、こうした古い政治手法を続ける限り、都民の期待は萎《しぼ》む一方だ。早急に古いやり方をやめる必要がある。

そもそもこうした手法は既存政党の「お家芸」であって、小池知事たちが付け焼き刃で真似したところで本家を超えられるはずがないのだ。

加えて市場移転問題については、速やかに方針を修正して解決を図るべきである。市場移転は確かに大きな課題であるが、誤解を恐れずに言えば、都政のほんの一部でしかない。ところがマスコミ報道の過熱があって、この問題にかかる調整労力は途方もないものになっている。

速やかにこの問題に決着をつけて、子育て支援や介護医療、あるいは規制緩和による経済政策など、東京都を成長させる政策実現に注力できるかどうかが、今後の都政を占う最大のポイントになるだろう。

議会側の軌道修正も必要だ。小池知事が事実上率いると目されている都民ファーストの会は、私が告発して離党した後もなお、自由闊達な議論ができない雰囲気が続いていると漏れ伝わっている。

第2会派（23名）の2倍以上の都議を有する53名の最大会派であるにもかかわらず、議会におけるその存在感はゼロに等しい。

唯一都政における世論調査を定期的に行っているJX通信社が2018年1月に実施した最新の調査によれば、都民ファーストの会の政党支持率は8・1％で、自民党の17・8％の半分以下となっており、さらに都議会に5議席しかない立憲民主党の8・9％すら下回っている。

そして議会質問によって政策が実現するのは、キャスティング・ボートを握る都議会公明党が提案する項目ばかりだ。

しかしながら、第1会派が持つポテンシャルは本来、こんなものではない。

報道量が減ってめっきり「何をやっているのかわからない」と言われる都議会であるが、第1会派が積極的な情報発信を行い、世論を巻き込んでいけば政策が動く。知事の顔色をうかがって議会質問や情報発信のトーンを抑えるのではなく、53名の議員たちの個性を活かした活動を前面に押し出していけば、できることはまだまだあるはずだ。

実際、都民ファーストの会の新人議員たちには、極めて優秀な人材が多い。まずはここまで私も問題点を指摘してきた規約の改正を速やかに行い、代表選挙を実施する。そして不透明な過程で決まった役員人事を刷新して優秀な新人都議を起用していけば、都民ファーストの会がここから盛り返す可能性は充分にある。

逆に言えば、こうした党内改革ができないようでは、議会で埋没し続け、次回の都議選では政党自体が存在しない可能性が高い。

衆院選後、大幅に低迷した小池知事の支持率は各種調査で30〜40%台を推移している。これは2期目再選に向けて黄信号が灯っていることを示す数値だ。小池知事の任期が切れるのは2020年7月30日である。このままスケジュール通りにいけば、次回の都知事選挙は東京五輪の直前となる。

常識的に考えれば、ここまで準備を行ってきた知事が東京五輪を前に変わることは考えづらいし、行政の連続性から考えても継続がベターだ。

しかし、小池知事が今のような政治姿勢を堅持するのであれば、東京五輪の準備が滞った上に、直前で知事交代という最悪の事態に突入することにもなりかねない。

だからこそ、知事が政治姿勢を全面的に改め、また議会側も連動して「知事のイエスマン」から脱却するには、時間軸で考えても今年が最後のチャンスだ。

それがかなわないのであれば、都民ファーストの会を除く都議会や都民が強硬手段に出ることもあるだろう。小池知事は都知事選の前、「任期を3年半とすることによって、混乱を避ける方法もある」と、任期途中での辞任を示唆する発言をしていた。これを公約だと判断している都民も少なくない。ただ地方自治法上、任期3年半で自主的に辞任しても、再び小池知事自身が再選されれば、任期は延びない。

かつては自主的に辞任した場合、選挙で再選すればそこから新たに4年の任期がスタートしていたのだが、自分にとって選挙で有利なタイミングで辞任する首長が続出した結果、地方自治法はすでに改められている。

そのため結局のところ、自主的に辞任しても東京五輪直前に選挙が行われてしまうことには変わりないのだが、小池知事が再出馬しないというなら話は別だ。

小池知事が今の政治姿勢に固執し、支持率の回復も見られなかった場合、3年半で辞任という「公約の履行」を都議会・都民が一斉に求め出す可能性がある。

これを避けるためには、繰り返しになるが都知事選・都議選で掲げた真の「都民ファースト」の姿勢に戻ることだ。口先だけで実態の伴わない「小池ファースト」の正体はすでに知れ渡っており、取り繕うことはできない。

私自身、「小池ファースト」への変遷を許してきた力不足と政治判断の過ちについては深く反省し、申し訳なく思っている。失った信頼は、今後の行動と政策実現で取り戻していく他はない。

小池知事と都民ファーストの会に対しては、選挙で約束した有権者のためにも、東京五輪直前での混乱を回避するためにも、是が非でも自らの原点と公約に立ち戻ることを強く願うばかりである。私も都議として、何よりかつて同じ志を抱いた仲間として、彼らに対して議会からの働きかけを続けていきたい。

あとがきにかえて

本書を執筆することについては、最後の最後まで迷っていた。

「また小池批判を繰り返すのか」

「自分自身にも責任があるのに、何様だ」

文章が世に出れば、そんな厳しい意見が寄せられることは目に見えている。都政を混乱させた元凶の一人である私が本書を出すことが、果たして相応《ふさわ》しいことなのかどうかも、判断がつかなかった。

それでも執筆を決断したのは、ここまで述べてきた通り私の「贖罪」をしっかりと果たすためと、何より、人々に政治を諦めて欲しくないという想いからである。

都知事選と都議選という2つの大きな選挙を通じ、多くの都民・有権者が新しい政治や改革に期待を寄せて、小池百合子氏や都民ファーストの会に票を投じた。その希望はいまや失望に変わり、「やっぱり、政治は変わらないんだ」「期待した自分たちがバカだった」

という、諦めにも似た雰囲気が色濃く漂っている。

しかし、新しい政治や改革、ましてや期待した人々が間違っていたなどということは決してない。約束した「情報公開」「都民ファースト」を実現しなかった政治家サイドにその非があることは明白であり、そもそも今回のケースでは、「新しい政治」そのものが始まってすらいない。


いつの時代でも、長く続いた政権や政治体制は腐敗し、新しい政治・改革への期待が生まれ、大きな流れとなって変化が生じる。しかし、その変化によって生まれた新たな政権や政治体制も、時が経つにつれてしがらみに囚われ古いものとなり、また新たな改革が起こる。政治史は、この繰り返しである。

だが今回、小池知事が旗を振った「東京大改革」においては、その新しい政治の一歩目すら踏み出されることはなかった。小池都政が瞬く間に、自らが否定していた「古い政治」に埋没していったことは、本書でお伝えした通りだ。

だから、敗れたのは多くの人々が目指した新しい政治でも、改革そのものでもない。

むしろ、一部の政治家や行政機関によって閉ざされた政治の世界に、「情報公開」を期待したことは全面的に正しかった。

間違っていたのは期待を裏切り、「偽りの都民ファースト」へと一直線に突き進んだ為政者たちだけなのだ。

それを許した私の過ちを改めて反省するとともに、この事実は何度でも強調しておきたい。

私は政治家になって以来、一貫して情報公開の重要性を訴え、自らも積極的に発信することで、できる限り政治の情報を有権者に伝える努力を重ねてきた。アメリカ建国の父の一人であり、第四代大統領となったジェームズ・マディソンはこう述べている。

「民衆に情報を与えず、あるいは情報を得る手段を与えないでいる人民の政府などというものは、茶番劇の序幕か、悲劇の序幕に過ぎない」

民主主義という政体を取る社会では、言うまでもなく、その主権者は人民（有権者）である。その人民に充分な情報を与えないことは、民主主義そのものを否定することに等しい。

にもかかわらずわが国では、とりわけ都政においては、情報公開は極めて不充分な状態に置かれてきた。小池知事が都知事選挙の際に用いたフレーズである「ブラックボックス」「いつ・どこで・誰が・何を決めているのかさっぱりわからない」というのは、実に的確に核心をついたものである。

情報公開が進むことで不正や非効率、あるいは悪しき慣習が暴かれ、政治における意思決定や行政事務が洗練されていく。これが民主主義の根底に貫かれた理念であり、私自身の政治信念でもある。

残念ながら今回、その志が実現されることはなかったが、多くの都民・有権者が「情報公開」を始めとする民主主義の理念に期待している事実が改めて可視化されたことは、政治にとって大きな意味を持つと言えよう。

政治を、社会を最後に動かしていくのは、主権者たる人民、有権者の一人ひとりである。

実際、人々の期待に沿わないことが明らかとなった小池知事が率いる希望の党は、総選挙で惨敗を喫した。

裏を返せば、情報公開を旗印とする民主主義の理念を体現した、真に新しい政治勢力が誕生したとき、人々の期待に応える勝利と変化が必ずもたらされるはずだ。

人々が諦めない限り、志のある政治家は何度でも現れる。もちろん私自身も、この大きな失敗を糧にしながら、人々に開かれた新たな政治を実現すべく、政治家としての道を歩き続ける所存である。

本書を執筆するにあたって、多くの人々にご協力いただいた。執筆を後押ししてくださった幻冬舎の見城徹社長がいなければ、本書が日の目を見ることはなかっただろう。厚く御礼を申し上げたい。

また、いついかなるときも私を支え、ときに厳しく叱咤激励してくださる支援者の皆さまと、小池知事との「決別」という最後の決断をする際に背中を押してくれた最愛の妻と家族に、この場を借りて心からの感謝を伝えさせていただきたい。本当にありがとうございました。

この「贖罪」を始まりとして、新たな政治を創り上げていくことをお誓いして。

東京都議会議員　音喜多 駿

〈著者プロフィール〉

音喜多 駿（おときた・しゅん）

1983年東京都生まれ。海城高校卒業、早稲田大学政治経済学部卒業。LVMHモエヘネシー・ルイヴィトングループでのビジネス経験を経て、現在東京都議会議員（北区選出）2期目。「都民ファーストの会」東京都議団初代幹事長を務めるも、現在は無所属。著書に『ギャル男でもわかる政治の話』（ディスカヴァー・トゥエンティワン）、『東京都の闇を暴く』（新潮社）がある。

贖罪
偽りの小池都政で私が犯した過ち

2018年4月5日　第1刷発行

著　者　音喜多 駿
発行人　見城 徹
編集人　福島広司

発行所　株式会社 幻冬舎
〒151-0051　東京都渋谷区千駄ヶ谷4-9-7
電話　03(5411)6211(編集)
03(5411)6222(営業)
振替　00120-8-767643
印刷・製本所　中央精版印刷株式会社

検印廃止

ISBN978-4-344-03278-1　C0095
幻冬舎ホームページアドレス　http://www.gentosha.co.jp/

この本に関するご意見・ご感想をメールでお寄せいただく場合は、
comment@gentosha.co.jpまで。